DR. TASSILO WALLENTIN

Offen gesagt

DR. TASSILO WALLENTIN

OFFEN

BAND 5
AUSSERHALB DES MAINSTREAMS

GESAGT

MIT ILLUSTRATIONEN VON
MARIAN KAMENSKY

SEIFERT VERLAG

1. Auflage
Copyright © 2018 by Seifert Verlag GmbH, Wien

Umschlagfoto: © Vanessa Fischer-Zaugg
Verlagslogo: © Padhi Frieberger
Druck und Bindung: Generál Druckerei GmbH, Szeged
ISBN: 978-3-902924-91-9

INHALT

All jenen, die selbst im Kerker frei sind.

VORWORT

Zwei Ereignisse werden unser Land für immer verändern: der dramatische Klimawandel und die Völkerwanderung aus zerfallenden arabischen sowie afrikanischen Staaten. Es heißt, dass künftige Generationen uns danach beurteilen werden, wie wir diese Probleme gemeistert haben. Derzeit sieht es so aus, als ob Österreich zu einem »neuen Nahen Osten« oder »neuen Afrika« würde: Die Klimaerwärmung ist dramatisch. Unser Land ist massiv davon betroffen. Das zeigt die Entwicklung der letzten hundert Jahre. 1917 gab es nur einen einzigen Tag über 30 °C in Österreich. 2017 verzeichnete man bereits 46 Tage weit über der 30-Grad-Marke und in Wien 28 Tropennächte. Wenn wir so weitermachen, steigt die Temperatur in den nächsten 80 Jahren um weitere 3,5 °C. Es herrscht dann ein Klima, das wir uns alle gar nicht mehr richtig vorstellen können. Das wird eine andere Welt sein. Eine Welt der monatelangen Starkhitze, Wasserknappheit und Naturkatastrophen.

Hinzu tritt die bereits im Gang befindliche Völkerwanderung. Der Norden Europas ist zum Magnet für millionenfache Zuwanderung auch aus dem Nahen Osten geworden. In zwanzig Jahren wird es 30–40% Muslime in Österreich geben; zumindest jeder dritte Wiener wird

Moslem sein – falls die Zuwanderung unvermindert stark bleibt. Wir wären dann auf dem Weg zur muslimischen Mehrheitsgesellschaft. Und neueste Umfragen in afrikanischen Ländern zeigen, dass bis zu zwei Drittel der Einwohner nach Europa oder in die USA auswandern wollen. Afrika hat heute 1,2 Milliarden, und 2050 werden es 2,5 Milliarden sein.

Unsere gesamte Lebensweise ist überhaupt schlichtweg »nicht zukunftsfähig«. Man denke etwa an die Zerstörung der Umwelt, wie die rücksichtslose Verbauung oder das Leerfischen der Meere – 90 % der Ozeane sind bereits leergefischt. In jedem Quadratkilometer Wasser schwimmen Hunderttausende Teile Plastikmüll. Täglich verschwindet in Österreich eine Fläche von 30 Fußballfeldern unwiederbringlich unter Beton oder Asphalt. Es entstehen Schäden, die kaum noch in unser Bewusstsein dringen. Der Mensch hat die ökologische Interessengemeinschaft längst verlassen. Ein Einzelner richtet heute größere Schäden an als in früheren Jahrhunderten ganze Königreiche. Natürlich will niemand mit dem Chirurgenbesteck von vor 2000 Jahren operiert werden. Die Zukunftsfrage lautet daher: Wie kann nachhaltige Ökologie aussehen, ohne die Möglichkeiten der Zeit auszuklammern?

Eine richtungsweisende Antwort gibt die frühe Geschichte dreier Kulturen, oder besser gesagt, deren Geisteshaltung: »Die Grundlage eines Staates muss stets die Tugend sein. Wohlstand steht erst an zweiter Stelle«, so dachte das alte China. »Der Mensch ist nur ein Teil des Ganzen. Seine Aufgabe ist die eines Hüters, eines Verwalters, nicht die eines Ausbeuters. Der Mensch hat Verantwortung, nicht Macht«, danach lebten die Indianerstämme Nordamerikas. Und den Kaisern im Europa des frühen Mittelalters galt die Maxime: »Alles für die Enkel.«

»EUROPA ZUR SELBSTZERSTÖRUNG VERPFLICHTET?«

Lassen Sie mich zu Beginn dieses Buches auf ein besonders heikles Thema eingehen. Wer die aktuellen Nachrichten verfolgt, weiß, dass uns die US-Amerikaner eine weitere enorme Migrationswelle wie im Jahr 2015 prophezeien. Das entspricht auch der Einschätzung des Chefs des Deutschland-Büros von Human Rights Watch, Wenzel Michalski, der in einem Interview erklärt hat: »Es werden noch viel, viel größere Ströme kommen.« Afrika hat rund 1,2 Milliarden Einwohner. Im Jahr 2050 werden 2,5 Milliarden vorwiegend junge Afrikaner etwa 690 Millionen alternden Europäern gegenüberstehen. Laut neuesten Umfragen wollen bis zu zwei Drittel nach Europa oder in die USA auswandern – ein großer Teil innerhalb der nächsten fünf Jahre! In Afrika gibt es alle 100 Tage um sieben Millionen mehr Menschen. Wenn wir eine Million Afrikaner bei uns aufnehmen, dann gleicht das der Bevölkerungsüberschuss in 14 Tagen wieder aus! Im Nahen Osten und Asien sitzen ebenfalls Millionen Menschen auf gepackten Koffern. Etwa acht Millionen Afghanen sind reisefertig und mehrere Hundetausend Menschen warten in libyschen Häfen auf die Überfahrt. Ihr Reiseziel: nördliches Europa.

Die Mittelmeerroute ist bis heute nicht geschlossen. Sie ist offen wie ein Scheunentor. Die EU-Küstenwache Frontex und NGOs befördern weiterhin Zigtausende Migranten nach Europa. An einem Spitzentag letzten Sommer wurden 8.500 Bootsflüchtlinge von EU-Schiffen nach Italien übergesetzt. Den Bürgern verkauft man diese Völkerwanderung als »Rettung aus Seenot«. Dabei läuft das Ganze nach einem perfekt eingespielten System ab: Hunderttausende – zum großen Teil – Armutsflüchtlinge reisen an die lybische Küste. Dort setzen Schlepper jeweils 100–150 Personen in ein Schlauchboot. Jeder Passagier bezahlt vorab 1500 Dollar. Einer bekommt ein Satellitentelefon, in dem die Nummer von Frontex eingespeichert ist. Kaum auf See, ruft er auftragsgemäß bei Frontex an und gibt »SOS«. Die EU-Schiffe eilen herbei, nehmen die Bootsflüchtlinge auf und befördern sie in das 480 Kilometer entfernte Italien. Wie Taxiunternehmen. Dort angekommen, taucht die Hälfte der »Geretteten« sofort unter. Denn ihre Ziele sind Deutschland, Schweden und Österreich.

Da drängen sich gleich mehrere Fragen auf: Die Küste Libyens ist etwa 480 Kilometer von Italien entfernt. Das lybische Festland hingegen liegt in nur etwa 20 Kilometern Entfernung. Warum werden Flüchtlinge vor Libyens Küste nicht nach Libyen gebracht? Warum wird man zur Rettung aus Seenot auf die andere Seite des Meeres, nach Italien, befördert? Und was hat die italienische Küstenwache vor der lybischen Küste zu suchen? Ist sie jetzt weltweit zuständig? Fährt sie demnächst auch in den Hafen von New York oder Tianjin, um Flüchtlinge nach Italien zu transportieren?

Der Evolutionsbiologe und Verhaltensforscher Prof. Eibl-Eibesfeldt sagte in einem Interview mit dem deutschen »Focus« schon 1996 dazu Folgendes: »Wenn jemand den Grenzpfahl in Europa nur um zehn Meter verschieben würde, gäbe es furchtbaren Krach, aber die stille Landnahme über Immigration soll man dulden?!«

Nichts wäre einfacher, als eine Seegrenze zu überwachen: Drohnen, Radar, Satelliten, GPS-Peilsysteme, Schnellbote und Hubschrauber. Es wäre ein Leichtes, Schlepperboote am Auslaufen zu hindern oder sie auf See sofort abzufangen. Würde man alle Bootsflüchtlinge wieder an den Strand zurückbringen (»Australisches Modell«), wäre das Geschäft der Schlepper zerstört. Denn kein Mensch zahlt 1500 Dollar für einen Platz im Schlauchboot, wenn er mit an Sicherheit grenzender Wahrscheinlichkeit weiß, dass er 15 Minuten später von der Marine abgefangen und wieder an seinen Ausgangsort zurückgebracht wird. Das ist außerdem der einzige Weg, um das Ertrinken im Mittelmeer zu stoppen.

Die Ursachen für diese Migrationskrise, die längst die Dimension einer Völkerwanderung erreicht hat, liegen auf der Hand: Kriege, Armut, Überbevölkerung und – überraschend – das Handy. Die Leute sehen unseren Wohlstand, sie erhalten über das Internet Informationen, wie leicht man in der EU Asyl bekommt und wie schwer man Illegale abschieben kann. Die besten Fluchtrouten und Asyl-Tipps sind vom Mobiltelefon aus jederzeit abrufbar. Der Grund, warum so viele Flüchtlinge ein funktionierendes Handy bei sich tragen, aber keinen Reisepass ist der, dass man jemanden, der seinen Reisepass wegwirft und den Behörden eine falsche Identität angibt, so gut wie nicht mehr abschieben kann. Man weiß ja nicht, woher er wirklich stammt und wohin man ihn abschieben soll. Selbst wenn man das Heimatland kennt, kann man die Leute dorthin nicht abschieben, wenn sie einen falschen Namen oder ein falsches Geburtsdatum angegeben haben, weil sie in ihrem Heimatland nicht als Staatsangehörige identifiziert werden können.

Ein erheblicher Grund für den »Ansturm« auf einige EU-Länder war die Einladungspolitik der deutschen Kanzlerin Angela Merkel und jene Fernsehbilder, die das verheerende Versagen Europas an den eigenen Grenzen um die Welt getragen haben. Man darf niemals die massenpsychologische Wirkung von Bildern oder Filmaufnahmen unterschätzen! Als die US-Amerikaner in den ersten Golfkrieg zogen, wollten zahlreiche europäische Länder nicht mitmachen. Die Menschen in Europa waren klar gegen den Krieg eingestellt. Diese Einstellung änderte sich dann schlagartig, als die internationalen Medien das Bild eines in einer Öllache verendenden Wasservogels zeigten. Das arme Tier kämpfte ölverschmiert um sein Leben und hatte dabei keine Chance. Eine Falschmeldung wurde lanciert, wonach die Iraker dafür verantwortlich gewesen sein sollen, da sie gezielt Ölraffinerien beschießen würden. In Wahrheit hatte eine verirrte (vermutlich amerikanische) Rakete etwa 100 Kilometer vom Kriegsschauplatz entfernt eingeschlagen: ein offenkundiges Versehen, ein Kollateralschaden. Aber die Macht dieses Bildes war so groß, dass die Stimmung merklich in Richtung »pro« militärische Intervention zu kippen begann. Es bedurfte dann nicht mehr viel, und die Allianz am Golf stand.

Und nun muss man sich vor Augen halten, welche unglaublichen Emotionen bei Menschen ausgelöst worden sind, die in strikt autoritär geführten arabischen oder afrikanischen Kulturen leben und im Fernsehen oder Internet gesehen haben, dass täglich Tausende Personen unkontrolliert über Europas Grenzen in die Sozialstaaten Deutschland, Österreich oder Schweden gehen konnten und – es passierte nichts; man ließ sie gewähren. Wer erinnert sich nicht an die Fernsehbilder von der österreichischen Südgrenze zu Slowenien bei Bad Radkersburg im September 2015? Vier hilflose Polizisten standen dort, um mit ihren Händen eine Art Sperre zu bilden. Ein paar Dutzend Flüchtlinge kamen heran, blieben zunächst stehen, um mit den Beamten zu diskutieren, und stürmten dann einfach los. Manche rannten an den Polizisten vorbei, andere drückten sie einfach zur Seite. Und was haben die Beamten gemacht? Sie gaben sofort auf und marschierten mit den Flüchtlingen mit, als ob es sich um eine angemeldete Demonstration handelte. Sie begleiteten sie auf ihrem Weg zur Autobahn! Es strömten immer mehr Flüchtlinge nach und schlossen auf die Gruppe auf. Die neu Hinzukommenden beachteten die Polizei nicht weiter, sondern gingen eilig ihres Weges. Um die verheerende Außenwirkung dieser Fernsehaufnahmen und das Versagen unseres Rechtsstaates zu verdeutlichen, sollte man sich zum Vergleich folgende Situation gedanklich ausmalen: Versuchen Sie einmal, ohne Rücksicht auf US-amerikanisches Fremden- und Asylrecht mit ein paar Dutzend Freunden die Grenze zu Texas zu übertreten. Drücken Sie dort jene vier texanischen Sheriffs zur Seite, die Sie an der Einreise hindern wollen, und laufen Sie stur und unbeirrt weiter ins Landesinnere der USA. Und nun malen Sie sich aus, was passieren würde.

Eine Persönlichkeit aus dem Verlagswesen, die ich namentlich nicht nennen möchte, war 2015 bei der UN-Vollversammlung in New York anwesend und hatte Gelegenheit, im sehr privaten Kreis mit dem damaligen amerikanischen Außenminister der Regierung Obama II, John Kerry, zu

sprechen: Das Gespräch fand am Höhepunkt der Flüchtlingskrise in Europa statt. Kerry soll abseits der Kameras
über das Versagen und die Hilflosigkeit der Europäer ent-
setzt gewesen sein. Er soll aus der Schule geplaudert haben,
wie er bzw. die USA dieses Problem lösen würden. Die USA
würden einen Zaun an der Außengrenze hochziehen, alle
Fernsehkameras darauf richten und auf die erste Person, die
unerlaubt über diesen Zaun steigt, ohne Vorwarnung scharf
schießen. Dieses Bild würde man über die ganze Welt verbreiten und gleichzeitig kundtun, dass jeder, der es wagt,
über diesen Zaun zu klettern, dasselbe Schicksal erleiden
werde. Ich bewerte diesen Gesprächsinhalt weder rechtlich
noch moralisch. Mir geht es nur darum, auszusagen, was
hinter vorgehaltener Hand in der Weltpolitik gesprochen
wird, und das ist etwas anderes als jene politische Korrektheit, die man uns tagtäglich verkauft.

Die Amerikaner würden das natürlich nie zugeben. Ich er-
innere mich an den gemeinsamen Auftritt von US-Präsident
Obama und Frau Merkel beim evangelischen Kirchentag im
Mai 2017 in Deutschland, als Obama die Rolle Merkels in
der Flüchtlingspolitik überschwänglich lobte. »Sie steht auf
der richtigen Seite der Geschichte«, sagte er. Obama selbst
stand offensichtlich auf der falschen Seite der Geschichte,
denn die USA hatten im Jahr 2016 gerade einmal 1.800
syrische Flüchtlinge aufgenommen und die waren – darauf kann man wetten – handverlesen. Es waren vermutlich
jene Atomphysiker und hochbegabten Ärzte aus Syrien, von
denen man uns immer erzählt hat. Es war übrigens auch
Obama, der eine niedrigere Obergrenze für Flüchtlinge beschlossen hat.

Das Hauptproblem ist und bleibt, dass die großflächige Massenzuwanderung von Wirtschaftsflüchtlingen unter Missbrauch des Asylrechtes stattfindet. Laut UNO gelten von den rund 230 Millionen Flüchtlingen weltweit nur 10% als Asylberechtigte nach der Genfer Konvention. Eigentlich müsste jeder Wirtschaftsflüchtling in seinem Heimatland zur österreichischen Botschaft gehen, einen regulären Einwanderungsantrag stellen und warten, bis dieser positiv beschieden wird. Ohne diesen bzw. ohne Visum dürfte er unser Land gar nicht betreten. Aber die Realität sieht anders aus. Es kommt regelmäßig zur illegalen Einreise und Stellung eines Asylantrages, obwohl die Leute aus rein wirtschaftlichen Gründen einwandern wollen bzw. auf der Suche nach einem besseren Leben sind. Überspitzt gesagt: Fast jeder, der es zu uns schafft, kann bleiben – es ist oft faktisch unmöglich, abgeschoben zu werden. Unser Vizekanzler hat unlängst Folgendes gesagt: »Wer glaubt, er kann sich bei uns Asyl erschleichen, er kann das Asylrecht missbrauchen, er kann kriminell werden, Menschen nach Belieben verletzen oder gar töten, täuscht sich gewaltig.«

Das klingt gut. Aber »gewaltig getäuscht« wird hier nur einer – der Wähler. Menschrechtskonvention, EU-Grundrechte-Charta, Asylrecht und Sozialrecht: Diese Gesetze wurden einst zum Schutz einzelner, konkret verfolgter Nachbarn gebaut. Zur Abwehr einer Völkerwanderung sind sie nicht geeignet. Das führt zu jenen Ergebnissen, die viele Menschen nicht mehr nachvollziehen können. Wer seinen Reisepass wegwirft und den österreichischen Behörden eine falsche Identität angibt, kann faktisch nie mehr abgeschoben werden. Selbst Schwerkriminelle wie Mörder, Kinderschänder, Vergewaltiger und Drogenhändler können nicht abgeschoben werden, wenn ihnen im Heimatland erniedrigende Behandlung ernsthaft droht, was nach unseren menschenrechtlichen Standards faktisch in fast allen arabischen oder afrikanischen Ländern der Fall ist. Wer erinnert sich nicht an die tagelangen Medienberichte über die Massenvergewaltigung einer 29-Jährigen durch Iraker, über 22 Tschetschenen mit Maschinenpistole auf dem Weg zum Bandenkrieg oder über den 14-jährigen Afghanen, der 140 Straftaten verübte, darunter 22 Raubüberfälle. Sie könnten vermutlich im Fall strafgerichtlicher Verurteilung nicht oder nur schwer abgeschoben werden – selbst wenn man jemandem mit Bleiberecht den Flüchtlingsstatus aberkennen würde, dürfte er im Inland bleiben und erhielte etwa in Wien Sozialleistungen. Hinzu kommen Länder wie Marokko und Algerien, die ihre illegal in die EU eingereisten Staatsangehörigen nicht zurücknehmen. Die Türkei nimmt überhaupt nur Personen zurück, die freiwillig zurückkehren wollen. Dazu kommen noch zahlreiche »Tricks«, wie man Asyl erschleichen kann: Ein türkischer Staatsbürger beispielsweise bräuchte sich nur vor eine PKK-Flagge stellen und dabei fotografieren lassen. Er müsste das Foto nur für ein paar Minuten ins Internet zu stellen, einen Screenshot zu machen und diesen dann den Asylbehörden mit dem Vermerk zu übermitteln, dass er ab jetzt in der Türkei politisch verfolgt wird und nicht mehr dorthin zurückkann.

Immer wieder hört man das Argument, wir wären ja nur von sicheren Drittstaaten umgeben. Es dürfte eigentlich niemand bei uns Asyl beantragen, sofern er »nicht vom Himmel gefallen«, also mit einem Direktflug aus dem Krisengebiet in Wien-Schwechat gelandet ist. Das stimmt auch. Das ganze Asylrecht fußt ja darauf, dass der erste sichere Staat, in dem ein Asylsuchender aufschlägt, für ihn zuständig ist und bleibt. Das macht auch Sinn, weil ein Asylwerber im Gegensatz zu einem Wirtschaftsflüchtling jemand ist, der sich sein Wunschland nicht aussucht, sondern aufgrund seiner Rasse, Religion, politischen Überzeugung oder sonstigen Gründen verfolgt wird und auf die nächstmögliche »Rettungsinsel« will.

Österreich ist nur von sicheren Drittländern umgeben. Unsere Asylquote müsste demnach nahezu »null« sein. Das Problem ist aber, dass wir unsere Grenzen nicht kontrollieren. Denn sobald jemand über ein sicheres Drittland zu uns kommt und einen Asylantrag stellt, hat Österreich sieben Tagen Zeit, um dieses sichere Drittland zu kontaktieren, damit es den Asylwerber zurücknimmt und ein Asylverfahren startet. Versäumen unsere Behörden diese siebentägige Frist – etwa weil sie zu spät wissen, aus welchem Land der Asylsuchende eingereist ist –, dann ist die Zuständigkeit der Republik Österreich für dieses Asylverfahren ein für alle Mal gegeben, salopp gesagt, dann »gehört der Asylwerber uns«, obwohl er aus einem sicheren Drittland eingereist ist.

Allein das ist das stärkste Argument für Kontrollen an heimischen Grenzen überhaupt: dass wir wissen, aus welchem sicheren Drittland die Leute zu uns gekommen sind, damit wir sie rechtzeitig wieder dorthin zurückführen können. Das geht derzeit oftmals nicht, weil wir den Einreiseweg nicht oder erst zu spät kennen. Die Betroffenen selbst werden uns in vielen Fällen ihre Route nicht sagen. Es gibt mittlerweile sogar Anleitungen im Internet, dass man gegenüber den Asylbehörden angeben soll, man sei an der türkischen Grenze in einen Bus eingestiegen und erst in Österreich wieder ausgestiegen und wisse nicht, über welche Länder man gefahren sei.

Der Massenansturm hat enorme ökonomische Auswirkungen, die man nicht unterschätzen darf. Nirgendwo auf der Welt werden Sozialleistungen so großzügig verteilt wie in der EU. Jeder, der es mit oder ohne Schlepper nach Österreich schafft, braucht nur einen Asylantrag zu stellen, um volle Grundversorgung samt Zuschüssen und Krankenversicherung zu erhalten. Der Norden Europas ist daher zum Magnet für millionenfache Zuwanderung geworden. Milton Friedman, Wirtschafts-Nobelpreisträger aus den USA, hat einmal gesagt: »Man kann einen Sozialstaat haben, man kann offene Grenzen haben, aber man kann nicht beides gemeinsam haben.« Deshalb erhalten Sie in den USA sieben Jahre lang keinen Cent, wenn Sie dort einwandern. Ich persönlich kenne auch niemanden, der in die USA einwandert, weil er dort Sozialhilfe kassieren will.

Laut Finanzministerium beträgt die jährliche Nettobelastung für unseren Staat pro Flüchtling 16.200 Euro. Im letzten Sommer kamen an einem Spitzentag 8.500 Migranten mit dem Boot über das Mittelmeer nach Italien. Allein diese 8.500 Personen würden den österreichischen Steuerzahler über 137 Millionen Euro jährlich kosten, kämen sie als Flüchtlinge zu uns. Das wird bei diesen Flüchtlingsströmen unfinanzierbar. Aber das will die Politik den Bürgern nicht so offen sagen. Deswegen operiert sie mit kryptischen Begriffen wie »subsidiär Schutzberechtigte« oder »Geduldete«. Darunter können sich Normalbürger, aber auch viele

Juristen nichts vorstellen. Das sind Personen, deren Asylantrag rechtskräftig abgelehnt wurde, die aber trotzdem nicht abgeschoben werden können.

Ein politischer Trick zur Irreführung der Öffentlichkeit war die Einführung der so genannten Asyl-Obergrenze von 37.500 Asylbewerbern pro Jahr. In diese wurden nur Personen eingerechnet, die ihren Asylantrag direkt an der Grenze stellten. Die – Tausenden – illegalen Grenzübertritte nach Österreich und der gesamte Familiennachzug wurden nicht mitgezählt. Wer also die Grenze illegal überschritten und erst in Traiskirchen seinen Asylantrag gestellt hatte, wurde in die Asylobergrenze der Regierung nicht eingerechnet. Deshalb wurde die Höchstgrenze auch nie erreicht. Asylwerber, die ihre Pässe weggeworfen und den Behörden eine falsche Identität angegeben hatten und nicht mehr abgeschoben werden können, wurden ebenso wenig in die Quote eingerechnet wie Personen, die bereits in einem anderen EU-Land Asyl beantragt hatten und in Österreich einen neuen Asylantrag stellten. Laut Sozialministerium nahm durch die Flüchtlingskrise auch die Anzahl der Bezieher von Mindestsicherung kaum zu. Auch das ist getrickst. Wenn ein Asylberechtigter rund 830 Euro Mindestsicherung pro Monat bezieht und dann seine gesamte Familie nachholt, so erhöht sich die Mindestsicherung samt Beihilfen – in extremen Fällen auf mehrere Tausend Euro monatlich. Das wertet unser Sozialministerium aber nicht als Anstieg von Mindestsicherungsbeziehern.

Die Diskussion in der Flüchtlingspolitik ist überhaupt auf Irrationalitäten, Falschannahmen und Märchen aufgebaut. Hier die gängigsten sechs:

»Wir schaffen das« – auch wenn die EU-Außengrenzen offen sind wie Scheunentore.

Neueste Umfragen in afrikanischen Ländern zeigen, dass bis zu zwei Drittel der Einwohner auswandern wollen. Wie gesagt: In Afrika gibt es alle 100 Tage um sieben Millionen mehr Menschen. Wenn die EU 250 Millionen Afrikaner aufnimmt, dann gleicht das der Bevölkerungsüberschuss in nur zehn Jahren wieder aus! Auch im Nahen Osten und Afghanistan sitzen bereits Millionen Menschen auf gepackten Koffern mit dem Reiseziel Europa. Bei diesen Größenordnungen wäre an Integration wohl kaum noch zu denken. Peter Scholl-Latour formulierte überspitzt: »Wer halb Kalkutta aufnimmt, hilft nicht Kalkutta, sondern wird selbst zu Kalkutta.«

Welche Auswirkungen eine Völkerwanderung auf Demokratie und Gesellschaft haben kann, verdeutliche ich immer an folgendem Beispiel: In seiner Ansprache zum Nationalfeiertag wollte der ehemalige Bundespräsident Heinz Fischer den Österreichern die Angst vor dem islamistischen Terror nehmen. »Demokratien sind immer stärker als Terrorismus«, behauptete er bedeutungsschwer im Vorabendfernsehen. Dieser »Nonsens« regte mich zum Widerspruch an. Ich stellte meinen Lesern die Frage: Was ist denn eigentlich Demokratie? Meine Antwort lautet: Demokratie ist die Entscheidung der Mehrheit – und sonst gar nichts. Wenn 80% der Bürger für die Einführung der Sklaverei stimmen, dann wird die Sklaverei eingeführt. Daran besteht kein Zweifel. Dass wir heute über Derartiges nicht abstimmen, ist kein Verdienst der Demokratie oder unserer Gesetze, die mit demokratischer Mehrheit immer und jederzeit abgeändert werden können. Der wahre Grund, weshalb Barbareien wie der Sklavenhandel für uns nicht in Frage kommen, sind die in unserer Gesellschaft tief verankerten Werte. Es ist die von unserer fast 2000-jährigen christlichen Kultur mit ihrer Absage an den Gottesstaat, dem Freiheitsideal und der Aufklärung geprägte Idee, dass jeder Mensch angeborene Rechte hat, frei ist und uneingeschränkte Menschenwürde besitzt. Diese Grundwerte unserer Gesellschaft sind dem Spiel von Mehrheit oder Minderheit nicht unterworfen. Man kann und darf über sie nicht abstimmen. Überspitzt gesagt: Hier endet die Demokratie. Und nur deshalb sind wir stärker als der Terrorismus – der übrigens oftmals gerade durch freie Wahlen an die Macht kommt. Die Demokratie ist ein leeres Glas. Unsere Werte sind der Inhalt. Nur auf sie kommt es an. 100% Heilige machen eine Heiligendemokratie – 100% Verbrecher machen eine Verbrecherdemokratie. Demokratie ist kein Wert, Demokratie ist ein Abstimmungsvorgang – die jeweilige Mehrheit entscheidet. Demokratie schafft keine Werte, sie lebt von den Werten, die bereits vorhanden sind. Der griechische Dichter Aischylos sagte deshalb: »Es ist nicht der Eid, der den Mann glaubhaft macht, sondern es ist der Mann, der den Eid glaubhaft macht.«

Doch unsere Werte sind nicht »unumstößlich« oder »immerwährend«! Die Sklaverei, um bei dem Beispiel zu bleiben, war über Jahrtausende die geschichtliche Normalität. Unser heutiges Mehrheitsempfinden, das sie ausschließt, existiert erst seit Kurzem.

Es ist daher für das Bestehen unserer freien Gesellschaft überlebenswichtig, dass jeder Staatsbürger an unseren Grundwerten festhält: Eine Studie der Donau-Universität

Krems über muslimische Gruppen in Österreich brachte jedoch Alarmierendes zutage: Mehr als 50% der Flüchtlinge haben Verständnis dafür, dass ein Mann Frauen nicht die Hand gibt. 25% meinen, dass in Österreich auch islamisches Recht gelten sollte. 33% finden die gewaltsame Verteidigung der Familienehre gut. Sebastian Kurz, damals noch Außen- und Integrationsminister, präsentierte 2017 einen Bericht, wonach jede dritte Moschee aktiv gegen die Integration arbeitet. In 38% der untersuchten Moscheen kommt es zu einer entschiedenen Abwertung unserer westlichen Gesellschaft! Um diese wachsende Zahl der Hardliner in den Griff zu bekommen, bräuchten wir als Sofortmaßnahme eine Änderung des Staatsbürgerschaftsrechts: Die Staatsbürgerschaft sollte generell – wie in der Schweiz – erst nach einer langen Zeit der Bewährung des Einzelnen verliehen werden. Denn mit ihr ist das aktive und passive Wahlrecht verbunden; also die Möglichkeit, gewählt zu werden oder Wahlen zu entscheiden.

»Europa braucht Massenzuwanderung, weil unsere Gesellschaft sonst überaltert.«
Diesen Stehsatz hört man von Politikern immer wieder. Doch eine langfristige Studie der Elite-Universität »London School ob of Economics« beweist das Gegenteil: Eine Gesellschaft wird durch Massenzuwanderung nicht jünger – sie wächst bloß. Wer also denkt, seine Pension wäre durch Migranten gesichert, irrt gewaltig. Es gibt am Ende zwar mehr Menschen im Land, aber der Anteil von Jungen und Alten – Arbeitstätigen und Nichtarbeitstätigen – bleibt gleich. Die negativen Effekte der Überalterung wie die völ-

lige Unfinanzierbarkeit unseres Sozialsystems, vor allem der Pensions- und Krankenkassen, sowie sinkender Steuereinnahmen kann und wird die Massenzuwanderung nach Europa nicht lösen. Zu dem Ergebnis kommt wie gesagt die in Sozialwissenschaften weltweit führende »London School of Economics«. In einer Studie mit einem Beobachtungszeitraum von fast 160 Jahren konnte sie am Rekord-Einwanderungsland England nachweisen, dass die Gesellschaft durch Zuwanderung nicht automatisch jünger wird. Sie wächst, ohne dass dies den Altersschnitt senkt.

Hier möchte ich auch aus einem anderen Grund noch einhaken: Die Erde leidet bereits unter der dramatischen Bevölkerungsexplosion. 1804 gab es etwa eine Milliarde Menschen. 1927 waren es schon zwei Milliarden. Heute sind es bereits 7,3 Milliarden und in 50 Jahren werden es 16–32 Milliarden Menschen sein. Die Folgen sind verheerend: Energie-, Wasser- und Nahrungsmangel, Verbauung, Raubbau, Klimawandel, Müllberge, Bürgerkriege, Verteilungskämpfe, fehlende Jobs, Slums, Kriminalität und Migrationswellen.

Europa braucht nicht mehr Menschen, sondern bessere Technisierung. Wir stehen vor der »dritten industriellen Revolution«. Die Arbeitswelt unserer Kinder wird von Robotern, Künstlicher Intelligenz und Digitalisierung beherrscht werden. Es wird selbstfahrende Autobusse, Pflegeroboter und menschenleere Fabriken geben. Europa ist kein Dritte-Welt-Staat. Beispielhaft gesagt: Wir brauchen nicht 10.000 Erntehelfer mit Spitzhacken und Körben auf den Feldern, sondern eine Erntemaschine samt Fahrer und Mechaniker. Nur so bleiben wir konkurrenzfähig. Nur so können wir die hohen Umsätze erwirtschaften, um den Sozialstaat zu finanzieren. Die Konkurrenz auf den Weltmärkten schläft nicht. In China leben bereits 400 Millionen in moderatem Wohlstand. Die Chinesen haben den Sprung in die digitale Wirtschaft schneller vollzogen als die meisten europäischen Länder. Sie haben in der Digitalisierung ganze Forschungs- und Entwicklungsphasen übersprungen und überholen bereits das Silicon Valley. Die Zahl der hochintelligenten Kinder, die jährlich in China zur Welt kommen, entspricht der Zahl aller neugeborenen Kinder eines Jahres in Europa.

Hinzu kommt, dass wir ohnehin unglaubliche Schwierigkeiten mit der Verbauung Österreichs haben: Jeden Tag werden Wälder, Wiesen und Äcker in der Größe von 30 Fußballfeldern dem Bau von Straßen, Parkplätzen, Gewerbezentren und Siedlungen geopfert. Jedes Jahr verschwindet in Österreich eine Fläche so groß wie die Stadt Salzburg unter Beton oder Asphalt. Und das, obwohl die Fläche ungenutzter Gebäude bereits größer ist als die Fläche Wiens. Der parasitäre Flächenfraß hat dazu geführt, dass wir uns selbst nicht mehr mit heimischer Nahrung versorgen können. Der Klimawandel mit seinen Hitzewellen und Starkregen tritt hinzu. Die versiegelten Böden nehmen kein Wasser auf. Die verbauten Naturräume sind für immer verloren. Auf unseren fruchtbarsten Böden entstehen Speckgürtel und künstliche Städte, die an Scheußlichkeit kaum zu überbieten sind. Das sind alles Folgen der Überbevölkerung. In Russland und China wird es übrigens bis zum Jahr 2100 um 50% mehr landwirtschaftliche Flächen geben. Die Russen und Chinesen wissen, dass die Produktion von Nahrungsmitteln die künftigen Machtverhältnisse in der Welt entscheidend zu ihren Gunsten beeinflussen wird.

»Der durchschnittliche Zuwanderer von heute ist gebildeter als der durchschnittliche Österreicher.« (Zitat: Sebastian Kurz, 2015)

2015 wurde in diversen Fernsehsendungen suggeriert, dass angeblich massenhaft Atomphysiker und Ärzte zu uns kämen. Tatsächlich müssen wir davon ausgehen, dass »etwa 66% der Flüchtlinge aus den Hauptherkunftsländern keinen berufsqualifizierenden Bildungsabschluss haben«, wie Professor Ludger Wößmann 2016 in einer Studie festgestellt hat. Professor Lenzen, Hamburgs Universitäts-Präsident – der wegen des niedrigen Bildungsniveaus vieler Flüchtlinge erhebliche Probleme bei der Integration auf Deutschland zukommen sieht –, formulierte es noch drastischer. Der Anteil von Hochschulabgängern etwa in Syrien liege bei 15%. »Das Problem sind aber die 65 Prozent eines Altersjahrgangs, die im Grunde Analphabeten sind und keinen Busfahrplan lesen können«. Nur 7–9% der Flüchtlinge sind auf dem Arbeitsmarkt kurzfristig integrierbar, ließ der ehemalige ÖVP-Finanzminister Hans-Jörg Schelling über sein Ministerium verlautbaren. Die Übrigen würden längere Zeit in der Mindestsicherung landen.

»Man kann alle Flüchtlinge problemlos auf die (noch) 28 EU-Länder verteilen.«

Der ehemalige Präsident Frankreichs Nicolas Sarkozy brachte die Torheit Europas auf den Punkt: »Die EU handelt wie ein Installateur, der das Wasser bei einem Rohrbruch in der Wohnung verteilt, anstatt den Schaden zu beheben.« Selbst wenn man eine EU-weite Aufteilung der Flüchtlinge politisch beschließen würde, gäbe es nicht 28, sondern wiederum nur fünf Asyl-Aufnahmeländer. Das aus folgendem Grund: Die Zuteilung von Flüchtlingen an EU-Staaten, die kein »faires« Verfahren führen oder im Bereich Nahrung, Hygiene und Unterbringung die Standards nicht erfüllen, ist rechtlich unzulässig. Laut Europäischem Gerichtshof für Menschenrechte dürften Flüchtlinge auf folgende Länder derzeit wohl NICHT verteilt werden: Griechenland, Malta, Zypern, Kroatien, Italien, Rumänien, Bulgarien, Ungarn, die Slowakei, Polen, Tschechien und die baltischen Staaten. Dänemark und Großbritannien nehmen keine Flüchtlinge aus sicheren Drittländern und können dazu auch nicht gezwungen werden. Schweden folgt diesem Beispiel, Frankreich hat zugemacht, Luxemburg und Slowenien sind aufgrund ihrer geringen Größe vernachlässigbar. Es bleiben also nur fünf EU-Länder übrig, die zugeteilte Flüchtlinge nehmen könnten: Deutschland, Österreich, Holland, Finnland und Belgien. Soviel zum Märchen von der EU-Asyl-Quote. Es gibt keinen Aufteilungsschlüssel, sondern nur »offene Grenzen«.

»Der EU-Türkei-Flüchtlings-Deal hält Migranten von der illegalen Einreise nach Europa ab.«
Ausgerechnet Präsident Erdogan soll gegen Geld, Visa-Freiheit und EU-Beitritt die Flüchtlingsfrage für Europa lösen. Man muss nicht »Eurojust« – die Justizbehörde der EU – sein, um wie diese festzustellen, dass »sich die Türkei aus politischen und praktischen Gründen an keine Vereinbarung halten wird«. Seit Unterzeichnung des Abkommens im März 2016 sind nur 1570 Flüchtlinge von griechischen Inseln zurück zur türkischen Küste gebracht worden. Erdogan hat für diesen Deal drei Milliarden Euro von der EU

kassiert. Die nächsten drei Milliarden fließen gerade. Die sorglose Anbiederung der deutschen Kanzlerin Merkel an die Türkei war unverantwortlich. Erdogan könnte mit Brüssel das Spiel »Flüchtlings-Schleuse auf – Flüchtlings-Schleuse zu« spielen, falls türkische Forderungen nicht erfüllt werden, wie jene nach Visa-Freiheit für 80 Millionen Türken. Ist diese einmal gewährt, wer hindert Erdogan dann noch daran, jeden Flüchtling mit einem türkischen Reisepass auszustatten und »visumfrei« in die EU zu schicken? Sollte die Visa-Freiheit tatsächlich kommen, dann werden sich vermutlich Hunderttausende Kurden auf den Weg in die EU machen. Ein Flugticket nach Berlin kostet etwa 60 Euro. Etwas Besseres als die EU-Visa-Freiheit könnte Erdogan vermutlich nicht passieren: Die Kurden könnten visumfrei mit Billigflügen nach Europa fliehen. Und der EU-Beitritt seines international eher isolierten Landes ist im wichtigsten Punkt – »dem freien Aufenthaltsrecht für türkische Bürger« – faktisch vollzogen. Ein EU-Beitritt der Türkei wäre an sich verfehlt: Türkische Abgeordnete würden derzeit einen großen Teil der Sitze im EU-Parlament erhalten, weil ihr Land schon bald das mit Abstand bevölkerungsreichste der EU sein würde. Es käme vermutlich zu millionenfacher Einwanderung und enormer wirtschaftlicher Belastung für die EU. An Integration wäre wohl nicht zu denken – im Gegenteil: Es würden wahrscheinlich überall in Europa türkische Parteien entstehen.

»Ich sehe auf Europa keine neue Flüchtlingswelle zukommen.« (Zitat: Bundespräsident Van der Bellen, 13.6.2018) Was soll man darauf noch sagen?

Man sollte meinen, Europa habe aus der Krise von 2015 gelernt. Doch das ist nicht der Fall: Das EU-Parlament wollte erst unlängst das Asylrecht sogar zerstörerisch ausweiten! Künftig – so der Plan – soll nicht mehr der erste sichere Drittstaat, in den ein Asylwerber eingereist ist, für das Asylverfahren zuständig sein. Künftig soll jener Staat zuständig sein, in dem bereits Angehörige des Asylwerbers leben. Mehr noch: Die »bloße Behauptung« einer Familienverbindung soll ausreichen, um ein Visum etwa nach Österreich zu erhalten. In dem Entwurf des EU-Parlamentes, das dem Nachrichtenmagazin »Der Spiegel« vorliegt, heißt es wörtlich: »Im Ergebnis wäre ein Mitgliedstaat, in dem sich bereits zahlreiche Ankerpersonen befinden, für weitreichende Familienverbände zuständig.«

Was dieser Wahnsinn für Schweden, Deutschland und Österreich bedeutet, ist leicht erklärt: Jeder Einwanderungswillige bräuchte nur zur österreichischen Botschaft zu gehen, eine weitschichtige Verwandtschaft zu Personen in Österreich zu »behaupten«, sein Visum abzuholen und ins nächste Flugzeug nach Wien zu steigen. Hier angekommen würde der Neuankömmling seinen Asylantrag stellen und monatliche Grundversorgung samt Zuschüssen und Krankenversicherung erhalten. Und zwar so lange, bis unsere Behörden – vielleicht nach Jahren – geklärt haben, ob überhaupt jemals ein Asylgrund oder eine weitreichende Familienverbindung nach Österreich bestanden hat. Und auch da sollte man sich keinen Illusionen hingeben: Abschieben kann man später kaum noch jemanden. Die Verwendung gefälschter Dokumente wie Geburtsurkunden, Pässe, Registerauszüge – die zum Teil von korrupten Behörden im

Herkunftsland ausgestellt werden – ist für unsere Beamten schwer feststellbar. Der Tsunami träfe übrigens nur die wohlhabenden EU-Staaten. Bulgarien oder Rumänien sind mangels Volksvermögens für einen »Asyl-Ansturm« nicht attraktiv genug. Die deutsche Regierung ist bereits alarmiert. »Wenn jeder der über 1,4 Millionen Menschen, die seit 2015 in Deutschland Asyl beantragt haben, zur Ankerperson für neu in der EU ankommende Schutzsuchende wird, reden wir über ganz andere Größenordnungen als bei der Familienzusammenführung.« Deutschland »müsste erheblich mehr Asylsuchende aufnehmen« und »Obergrenzen würden zunichtegemacht«, heißt es aus dem deutschen Innenministerium.

Was sind nun die Gründe für dieses offensichtlich törichte, ja nahezu selbstzerstörerische Handeln von Europas politischen Eliten?

Zum einen gibt es Staaten, Institutionen und Personen, die aus Gründen des Wettbewerbs, aus Eigeninteresse oder sonstigen Motiven nicht daran interessiert sind, dass Europa stark und wettbewerbsfähig bleibt.

Das ist aber nicht das Wesentliche, denn so etwas gab es immer schon. Was vielmehr verstört, ist der Mangel an Selbstbehauptungswillen, den die europäischen Bürger an den Tag legen: Diese unglaubliche Passivität, die es vor 20 Jahren noch nicht gegeben hat. Niemand Geringerer als der emeritierte Papst Benedikt XVI. hat in seiner sehr beachtenswerten Rede diese seelische Verfasstheit Europas so erklärt: »Hier gibt es einen merkwürdigen und nur als pathologisch zu bezeichnenden Selbsthass des Abendlandes, das sich zwar lobenswerterweise fremden Werten verstehend zu öffnen versucht, aber sich selbst nicht mehr mag, von seiner eigenen Geschichte nur noch das Grausame und Zerstörerische sieht, das Große und Reine aber nicht mehr wahrzunehmen vermag. Europa braucht, um zu überleben, eine neue – gewiss kritische und demütige – Annahme seiner selbst, wenn es überleben will ... Europa scheint ausgerechnet in der Stunde seines äußersten Erfolgs von innen her leer geworden, gleichsam von einer lebensbedrohenden Kreislaufkrise gelähmt, auf Transplantate angewiesen. Diesem inneren Absterben der tragenden seelischen Kräfte entspricht es, dass auch ethnisch Europa auf dem Weg der Verabschiedung begriffen erscheint. Der Vergleich mit dem untergehenden römischen Reich drängt sich auf, das als großer geschichtlicher Rahmen noch funktionierte, aber praktisch schon von denen lebte, die es auflösen sollten, weil es selbst keine Lebenskraft mehr hatte.«

Wie gesagt: Dieses Zitat stammt nicht aus Thilo Sarrazins Bestseller »Deutschland schafft sich ab«, sondern vom Oberhaupt der katholischen Kirche.

Diese Entwicklungen sind keine »Naturkatastrophen«, die über uns hereinbrechen. Sie lassen sich meistern. Am allerwenigsten sind sie »alternativlos«, wie die deutsche Kanzlerin Merkel behauptet. Viel Zeit bleibt uns allerdings nicht mehr. Michail Gorbatschow warnte schon im Zuge des deutschen Mauerfalls: »Wer zu spät kommt, den bestraft das Leben.«

ERSCHIENEN AM 3.9.2017

»WER IN DER DEMOKRATIE SCHLÄFT, ERWACHT IN DER DIKTATUR«

Die EU-Kommission bereitet mit den Finanz-Eliten die Abschaffung des Bargeldes vor. Derzeit verhält man sich ruhig, da Brüssel die Wahlen in Deutschland und Österreich abwarten will. Danach soll es Schlag auf Schlag gehen.

Die Abschaffung des Bargeldes wird auf allen Ebenen vor angetrieben. Begleitet wird dies von einer Propaganda, die einer Gehirnwäsche gleicht. EU-Kommissar Oettinger behauptet öffentlich: »Das Bargeld stirbt aus.« Dabei werden 85% aller Zahlungen weltweit in Bar abgewickelt. In Österreich sind es 89%. Seit der Euro-Einführung hat sich die Bargeldmenge sogar vervierfacht. Selbst die 12 Millionen Reichsten der Welt halten 28% ihres Vermögens in Bar.

Jugendliche ködert man mit Werbebotschaften wie »Bargeld braucht nur noch Deine Oma und der Bankräuber.« Bargeldlose Zahlung wird konsequent als »Smart-Cash« (»Kluges Geld«) bezeichnet. »Bargeld ist das Blut in den Adern der Kriminalität«, lautet ein anderer Slogan. Dass Computer-Kriminelle und Hacker in den letzten Monaten etwa zwei Milliarden Dollar elektronisch von Banken gestohlen haben, wird nicht erwähnt. Auch nicht, dass die computerunterstützten Betrugsfälle in Schweden, wo das Bargeld faktisch abgeschafft ist, auf das Siebenfache angestiegen sind. Und dass sich die meisten Pensionsfonds seit der Finanzkrise massiv mit Bargeld eingedeckt haben, liest man auch nirgends. Wie die Bürger misstrauen sie dem Staat, dem Bankensystem und den manipulierten Finanzmärkten.

Mit einem Wort: Man will uns für dumm verkaufen. Das Bargeld »stirbt nicht aus« – man schafft es nur ab. Scheibchenweise. Die 500-Euro-Note hat die Europäische Zentralbank (EZB) bereits abgeschafft. Der 200-Euro-Schein soll folgen. In vielen EU-Ländern gibt es auf Druck Brüssels hin Bargeld-Obergrenzen. Banken weigern sich, Geldscheine zu wechseln. Rundfunkgebühren können nur noch überwiesen, aber nicht mehr bar einbezahlt werden. Und 2018 will die EU-Kommission ein »Gesetz zur Einschränkung von Barzahlungen« erlassen.

Hinter all dem steckt ein »gefährlicher Plan irregeleiteter Geldpolitiker«, wie die renommierte Frankfurter Allgemeine Zeitung schreibt. Und der sieht so aus:

In der Welt ohne Bargeld kann man uns zum Konsum zwingen. Wer nicht freiwillig konsumiert, dem wird von seinem Bankguthaben etwas abgezogen (»Straf-Zinsen«). Regierungen und Finanz-Eliten haben vollen Zugriff auf unsere Bankkonten und können Zwangsabgaben zur Rettung von Schuldenstaaten, Krisenländern und Pleitebanken jederzeit einfach einziehen – auch bei Kleinsparern. Wie in Zypern 2013, »dem größten Bankraub aller Zeiten« (so »Spiegel online«). Die Flucht ins Bargeld wäre unmöglich und der Bürger wehrlos gegen all das, was Finanz-Eliten rund um EU und EZB heute schon fordern (10%ige Zwangsabgabe für Sparer, Straf-Zinsen, Konsumzwang). Es gibt dann keine Anonymität mehr. Mit allen Kontobewegungen sind Vorlieben, Gewohnheiten und Persönlichkeit offengelegt. Unser Leben ist weltweit jederzeit überwachbar. Bürger werden erpressbar. Der psychotische Albtraum vom vollständig durchleuchteten, überwachten »gläsernen« Menschen wird Realität.

Unsere Regierung muss sich dem unter allen Umständen widersetzen; nötigenfalls durch Volksabstimmung oder Entscheid des Verfassungsgerichtshofes zum Schutz der Persönlichkeit, denn: »Wer in der Demokratie schläft, erwacht in der Diktatur.«

ERSCHIENEN AM 10.9.2017

»DER BAU DER WIENER MAUER«

Rund um das Bundeskanzleramt und die Präsidentschaftskanzlei wird eine 67 Meter lange Stahlbetonmauer errichtet. Sie soll die Staatsspitze vor Terroranschlägen schützen.
Während man die Bürger im Stich lässt, verschanzen sich
die Politiker.

Die Sicherheitslage ist dramatisch schlecht: Es gibt etwa 300
islamistische Gefährder in Österreich. Das sind Personen,
denen die Polizei jederzeit terroristische Anschläge zutraut.
Gegen sie gibt es derzeit keine rechtliche Handhabe. Allein
in Wien gibt es 51 Moscheen und Gebetsräume, die von Radikalen geführt werden. Terroristen und »Heimkehrer aus
dem heiligen Krieg gegen Ungläubige« können sich wegen
der offenen Grenzen völlig frei im Schengen-Raum bewegen.
Österreich darf diese Kriminellen nicht in ihr Heimatland
abschieben, wenn ihnen dort »erniedrigende Behandlung
droht«. Da kein Grenzschutz existiert, wissen wir nicht,
über welchen sicheren Drittstaat diese kriminellen Personen
zu uns eingereist sind, und können sie auch dorthin nicht
zurückschicken. Dschihadisten haben dann ein Bleiberecht
und erhalten etwa in Wien volle Sozialleistungen.

Weihnachtsmärkte, Einkaufsstraßen, Konzerte, Flughä-
fen und Bahnhöfe sind wegen der Terrorgefahr nun nicht
mehr sicher. Und wie lautet die Antwort unserer Regierung?
Es gibt keine.

Es gibt kein Verbotsgesetz gegen radikalen Islamismus,

keinen Grenzschutz, keine drakonischen Strafen, keine automatische Abschiebung samt lebenslangem Einreiseverbot für alle Gefährder, Hassprediger oder verurteilten Verbrecher.

Die einzige Maßnahme, mit der die Regierung in die Geschichte eingehen wird, ist der Bau einer 67 Meter langen, 80 cm hohen und 1,5 Meter starken Mauer rund um Bundeskanzleramt und Präsidentschaftskanzlei. Diese Stahlbetonmauer samt 70 Absperr-Pfosten soll unsere Staatsspitze vor Terroranschlägen schützen. Während man die Bürger im Stich lässt, verschanzen sich die Politiker – und das ausgerechnet am »Heldenplatz«.

Der »Bau der Wiener Mauer« ist Steuergeldverschwendung. Sie kostet Millionen und verschandelt die historischen Plätze. Unsere Staatsspitze sollte sich besser in einem der Wiener »Flaktürme« verschanzen. Diese Hochbunker wurden im Zweiten Weltkrieg errichtet, sind aus Stahlbeton und können nicht gesprengt werden. Die prachtvollen Regierungsgebäude aus der Kaiserzeit sollten für den zahlenden Tourismus geöffnet sein.

Der Mauerbau zeigt, dass die Terrorgefahr in Österreich viel größer ist, als die Regierung zugibt. Sie behandelt uns wie kleine Kinder, denen man das wahre Ausmaß der Gefahr verschweigt. Politiker maßen sich neuerdings die Rolle von Erziehern an und bestimmen, was wir Bürger wissen dürfen und was nicht. Diese Entmündigung ist ein ebenso großer Skandal wie das sicherheitspolitische Versagen. Oder mit den Worten von Medienwissenschaftler Prof. Norbert Bolz: »Dass man die Bürger für dumm verkauft oder sie einfach für dumm hält, für unfähig mit der Wahrheit umzugehen, das ist eine unglaubliche Arroganz, die von bestimmten Eliten ausgeht.«

ERSCHIENEN 17.9.2017

»FRAGE NICHT, WAS DEIN LAND FÜR DICH TUN KANN – FRAGE, WAS DU FÜR DEIN LAND TUN KANNST.«

Dieser Satz stammt von US-Präsident John F Kennedy. Bundeskanzler Christian Kern hingegen zieht in den Wahlkampf mit: »Hol dir, was dir zusteht.« Das zeigt, was in Österreich falsch läuft.

Wir haben Stand September 2017 über 9% Arbeitslosigkeit, kein Wirtschaftswachstum und sind trotz einer Steuer- und Abgabenlast von mehr als 50% total verschuldet. Die Pensionskassen sind leer. Das System steht vor dem Kollaps. 1,5 Millionen Menschen droht Armut. Die bitter nötige Verwaltungsreform ist tot. Der Mittelstand bricht weg. Und jeder, der es sich leisten kann, überlässt seine Kinder nicht mehr dem staatlichen Bildungssystem, das unter den 15-Jährigen etwa 30% Analphabeten hervorbringt. Das Arbeitsmarktservice (AMS) gibt für die 15- bis 24-Jährigen mittlerweile Hunderte Millionen Euro pro Jahr aus. Dennoch werden nur wenige dieser Jugendlichen jemals einer geregelten Arbeit nachgehen.

Dafür existieren 22 Sozialversicherungsträger. In den Vorständen sitzen Funktionäre. Es gibt keinen Wettbewerb. Der Steuerzahler muss Milliarden zuschießen. Das verfilzte Kammersystem samt Zwangsmitgliedschaft für Hunderttausende Österreicher ist seit 2008 sogar in der Bundesverfassung verankert. In allen staatlichen und halbstaatlichen Bereichen – von Nationalbank bis ORF – werden Positionen bis hin zum Aufsichtsrat willkürlich nach Parteipolitik besetzt. Parteibuchwirtschaft und Privilegienwucher sind selbst für Nachwuchs-politiker nichts Schäbiges, sondern gehören zum Alltag.

Unsere Sozialleistungen waren eigentlich nur für den Super-GAU des Lebens gedacht. Heute ist die Mindest-sicherung samt Kindergeld für viele ein Geschäftsmodell geworden. Unser Land hat weiterhin eine der höchsten Pro-Kopf-Quoten an Asylanträgen in ganz Europa. Denn die Leute wissen: Jeder, der es nach Österreich schafft, braucht nur einen Asylantrag zu stellen und erhält sofort volle Grundversorgung samt Zuschüssen und Krankenver-sicherung ohne Selbstbehalt. Dabei erkannte schon Wirt-schafts-Nobelpreisträger Milton Friedman: »Man kann einen Sozialstaat haben, man kann auch offene Grenzen haben – aber man kann nicht beides zugleich haben.«

Wahlkampfslogans wie »Hol dir, was dir zusteht« ste-hen für dieses System. Wir bräuchten vielmehr Politiker wie Kennedy, die fragen: »Was kann ich für mein Land tun?«. Die Antwort lautet:

- Umsetzung aller 1.007 Rechnungshof-Empfehlun-gen – Ende des Funktionärsstaates,
- Steuern senken – Mitarbeiter am Gewinn beteiligen – keine Schlupflöcher für Konzerne,
- Mindestpensionen erhöhen,
- nur Sachleistungen für Asylanten (Essen, Bett, Notfallversorgung),
- leistungsorientierte Schulen.

Um noch einmal Kennedy zu bemühen: »Wann, wenn nicht jetzt? Wo, wenn nicht hier? Wer, wenn nicht wir?«

ERSCHIENEN AM 24.9.2017

DAS BINNEN-I:
EIN ÖSTERREICHISCHER MISSSTAND!

Die Volksanwaltschaft hat die Verwendung des »Binnen-I« in Schulen auf die Liste der Missstände 2017 gesetzt. Unser Bildungsministerium und seine Berufs-Anti-Sexisten sehen aber trotzdem keinen Handlungsbedarf.

Das politisch-korrekte Binnen-I macht aus Studenten »StudentInnen«, aus Bäckermeistern »BäckerInnenmeisterInnen« und aus Patientenanwälten »PatientInnenanwalt/wältInnen«.

Wer diese Schreibweise an Schulen und Pädagogischen Hochschulen (PÄDAK) nicht verwendet, bekommt eine schlechtere Note. Das ist die Vorgabe des Bildungsministeriums.

Ein Lehreranwärter an der PÄDAK (Pardon: Ein/e LehrerInnenanwärterIn) sollte Michael Häupl besser als »WienerInnen BürgerInnenmeisterIn« und Christian Kern als »KanzlerInnenkandidatIn« bezeichnen, sonst droht eine negative Beurteilung der Arbeit. Damit alles geschlechtsneutral ist, sind sogar Sätze mit »man« verboten. Und das, obwohl das Wort »man« mit einem »Mann« gar nichts zu tun hat (»dämlich« kommt ja auch nicht von »Dame«).

Österreich ist übrigens das einzige Land in Europa, in dem das Bildungsministerium Gendern in Schulbüchern zur Pflicht gemacht hat. Sogar im Deutschlehrbuch für die Kleinen finden sich unlesbare Sätze wie: »Eine/r ist Zuhörer/in, der/die andere ist Vorleser/in. Eine/r liest den Abschnitt vor, der/die Zuhörer/in fasst das Gehörte zusammen.« Dabei ist ja nicht automatisch von einem Mann die Rede, nur weil ein »der« vor dem Subjekt steht: »Der Busenstar« ist eine Frau und »die Tunte« ein waschechter Kerl.

Die Volksanwaltschaft will diesem Spuk nun ein Ende setzen. Sie hat »die Verwendung des Binnen-I und ähnlicher Formen als Beurteilungskriterium bei Arbeiten an Schulen und Pädagogischen Hochschulen« auf die Liste der Missstände 2017 gesetzt. Denn die Amtssprache in Österreich ist Deutsch. Niemand darf eine schlechte Schulnote bekommen, nur weil er nicht die Gender-Fantasiewörter aus dem Bildungsministerium verwendet hat. Die Bildungsministerin und ihre Berufs-Anti-Sexisten haben weder das Recht noch die Qualifikation, in die Sprache der Dichter und Denker einzugreifen und diese zu verändern. Präzise Texte werden plötzlich unlesbar, verstümmelt und dümmlich. Oder, wie eine Studentin im Internet postete: »Super! Vor lauter Binnen-I und sonstigem Formalschwachsinn wird das ganze so unleserlich, dass keiner mehr auf den Inhalt meiner Arbeit achtet.«

Das Bildungsministerium weigert sich beharrlich, den von der Volksanwaltschaft erklärten Missstand zu beheben. Das sollten wir uns nicht länger bieten lassen und die nächste Regierung in die Pflicht nehmen. Wie schrieb Claudia Wirz in der renommierten Neuen Zürcher Zeitung: »Die Sprache gehört nicht dem Staat, sie gehört allen. Etwas mehr ziviler Ungehorsam gegenüber den gröbsten Auswüchsen des amtlichen Tugenddiktats könnte nicht schaden. Das kann man von den Feministinnen der ersten Stunde lernen.«

ERSCHIENEN AM 1.10.2017

DER WILLE DER MEHRHEIT

Wenn eines Tages die Mehrheit etwa für die Einführung von Scharia-Strafen und Kopftuchzwang stimmt, dann werden Scharia-Strafen und Kopftuch eingeführt. Darüber sollte man sich keine Illusionen machen. Denn Demokratie ist die Entscheidung der Mehrheit – sonst nichts.

Unsere Gesellschaft kann ohne jüdisch-christliche Grundwerte nicht existieren. Das zeigt ein einfaches Beispiel: Demokratie ist immer die Entscheidung der Mehrheit – sonst gar nichts. Wenn 80% für die Einführung der Sklaverei stimmen, dann wird die Sklaverei eingeführt. Die österreichische Bundesverfassung schützt uns davor nicht. Denn auch Verfassungsgesetze können jederzeit von der Mehrheit abgeändert werden (das zeigt das Verfassungs-Referendum in der Türkei, mit dem Präsident Erdogan das liberale Land über Nacht in eine islamische Selbstherrschaft verwandelt hat. Und trotzdem laufen die EU-Beitrittsgespräche ungehindert weiter).

Warum also stimmen wir nicht über die Sklaverei ab? Weil unsere Gesellschaft durch eine 2000-jährige jüdisch-christliche Kultur samt Aufklärung und Absage an den Gottesstaat geprägt ist. Wir sind fest davon überzeugt, dass jeder Mensch angeborene Rechte hat, frei ist und Würde besitzt. Darüber kann man nicht abstimmen. Hier endet die Demokratie.

Es ist für das Bestehen unserer freien Gesellschaft überlebenswichtig, dass jeder Staatsbürger an diesen Grundwerten festhält: Denn Demokratie ist nur das Glas. Die Werte der Menschen sind der Inhalt.

Eine Studie der Donau-Universität Krems über muslimische Gruppen in Österreich brachte Alarmierendes zutage: Mehr als 50% der Flüchtlinge haben Verständnis dafür, dass ein Mann Frauen nicht die Hand gibt. 25% meinen, dass in Österreich auch islamisches Recht gelten sollte. 33% finden die gewaltsame Verteidigung der Familienehre gut.

Das entspricht nicht unseren Grundwerten. Das gefährdet unsere Demokratie. Die Staatsgrenzen sind offen wie Scheunentore. Es findet weiterhin eine Völkerwanderung in den Norden der EU statt. Fast jeder, der es zu uns geschafft hat, kann kaum noch abgeschoben werden. Im Falle des Familiennachzuges könnte sich die Zahl auf das Drei- bis Fünffache erhöhen. Dank unserer Sozialgesetze ist Kinderkriegen für viele ein Geschäftsmodell geworden. Radikale führen Islam-Kindergärten.

Um die wachsende Zahl der Hardliner in den Griff zu bekommen, brauchen wir als dringende Sofortmaßnahme eine generelle Änderung des Staatsbürgerschaftsrechts: Wer etwa die Gleichstellung von Mann und Frau ablehnt, wer Scharia-Strafen oder den Krieg gegen Ungläubige befürwortet, soll nicht Staatsbürger werden können. Denn mit der Staatsbürgerschaft ist das aktive Wahlrecht verbunden. Beispielhaft gesagt: Es darf niemals eine demokratische Mehrheit für Scharia-Strafen und Kopftuchzwang geben! Der griechische Philosoph Platon erkannte schon vor 3000 Jahren: »Diktatur entsteht immer aus Demokratie!«

ERSCHIENEN AM 8.10.2017

GEHEN SIE WÄHLEN

Diese Nationalratswahl ist keine Wahl wie andere auch: Unser Land hat keine fünf Jahre mehr. Die nächste Regierung muss die Kehrtwende schaffen.

Minister Kurz präsentierte einen Bericht, wonach jede dritte Moschee aktiv gegen die Integration arbeitet. In 38% der untersuchten Moscheen kommt es zu einer entschiedenen Abwertung unserer westlichen Gesellschaft. Dort lautet das Glaubensbild: Der Koran steht über Gesetz und demokratischem Rechtsstaat. Kurz verstand seinen Bericht als Weckruf vor der Wahl. Wir sind mit einer Völkerwanderung aus zerfallenden arabischen und afrikanischen Staaten konfrontiert. Die österreichische Staatsbürgerschaft wird bereits nach wenigen Jahren verliehen. Die Grundwerte eines Menschen spielen bei der Einbürgerung aber keine Rolle. Mit der Staatsbürgerschaft ist das Wahlrecht verbunden. Man kann wählen und gewählt werden. Wenn Jahr für Jahr Tausende Personen eingebürgert werden, die unsere westliche Gesellschaft entschieden ablehnen, dann ist das eine ernsthafte Bedrohung unseres Landes.

Die europäische Großwetterlage steht ebenso auf Sturm: Kommissionspräsident Juncker hat aus der Euro-Krise und dem Brexit nichts gelernt. Er will einen EU-Zentralstaat errichten. Der Euro soll auf Bulgarien und Rumänien ausgedehnt werden. Der »Rettungsschirm für Banken- und Pleitestaaten« soll in die EU-Verfassung. Jeder Mitgliedstaat würde für die Schulden des anderen haften. Ein gemeinsamer EU-Finanzminister soll für die Umverteilung unseres Volksvermögens hin zu Krisenländern sorgen. Das Bargeld soll schrittweise abgeschafft werden. Die EU-Kommission will 2018 ein »Gesetz zur Einschränkung von Barzahlungen« erlassen. Das bedeutet Enteignung, Entmündigung und totale Kontrolle.

In Österreich selbst bricht der Mittelstand dramatisch weg. Die Menschen können sich immer weniger leisten. Für Familien ist ein bescheidener Vermögensaufbau unmöglich. 1,5 Millionen Menschen sind armutsgefährdet (so die offizielle Statistik). Die Pensionskassen sind leer. Die Steuer- und Abgabenlast liegt bei 50%. Die Kriminalität ufert aus. Allein in Wien gibt es um 55% mehr Sex-Attacken auf Frauen. Und nebenher wächst eine Generation von Analphabeten heran: 30% der 15-Jährigen können nicht lesen, schreiben oder rechnen. Das ist eine Quote wie im Mittelalter.

Die Kehrtwende ist noch möglich. Wir haben aber keine fünf Jahre mehr, um

- auf »Null-Toleranz-Politik« gegen politischen Islamismus und Kriminelle, insbesondere Vergewaltiger, umzuschalten,
- Mittelstand und Bargeld zu erhalten,
- die Pläne des Herrn Juncker zu verhindern und die EU demokratischer zu machen.

Jede Generation muss ihr Schicksal selbst in die Hand nehmen.

ERSCHIENEN AM 15.10.2017

ALLE MACHT DEN BÜRGERN

Die direkte Demokratie hat zu Freiheit, niedrigen Steuern, Wohlstand, Umweltschutz, Bürgerbeteiligung und Ende des Parteienfilzes in der Schweiz geführt. Bei uns läuft es in die genau entgegengesetzte Richtung. Es ist Zeit für einen Modellwechsel.

In Österreich gibt es nur einmal in fünf Jahren Demokratie – und zwar am Wahlsonntag. Danach haben wieder Parteien, Funktionäre und Günstlinge das Sagen, ohne dass die Bürger irgendetwas mitbestimmen können. Das System ist einfach erklärt: Ein Spitzenkandidat muss sich nur mit billigen Versprechungen oder einer Schmutzkübel-Kampagne gegen den Mitbewerber à la Silberstein über den Wahlsonntag retten. Sobald er das geschafft hat, kann er ungestört fünf Jahre lang »von oben nach unten« regieren. Auf die Interessen des Volkes muss er zwischen den Wahlen keine Rücksicht nehmen. Parlamentarische Mehrheiten sind nicht Bevölkerungsmehrheiten. Für Österreichs politische Elite steht die Befriedigung von Partei- und Klientelinteressen an erster Stelle. Das führt zu Abgehobenheit, Filz und eiskalter Reformverweigerung im staatlichen wie halbstaatlichen Bereich (Nationalbank, ORF). Die Bürger können bis zur nächsten Wahl nur machtlos zusehen.

In der direkt-demokratischen Schweiz ticken die Uhren anders. Dort entscheiden diejenigen, für die der Staat gemacht ist: die Bürger. Sie sind die Chefs und können der politischen Elite jederzeit (nicht nur am Wahlsonntag) die Rote Karte zeigen: Wenn 50.000–100.000 Schweizer es verlangen, dann muss über jedes Gesetz, jeden Staatsvertrag und jede Bürgerinitiative eine Volksabstimmung abgehalten werden. Das Ergebnis ist für die Regierung bindend. Sie muss den Willen des Volkes »ohne Wenn und Aber« umsetzen. Schuldenbremse, sichere Grenzen, Ausweisung krimineller Asylanten, Verbot von Minaretten und Nein zur Erbschaftssteuer haben die Schweizer allein im Wege von Volksabstimmungen durchgesetzt.

In einer direkten Demokratie ist es auch egal, ob Rote, Schwarze, Blaue, Rosarote oder Grüne in der Regierung sitzen. Denn die Pläne der Obrigkeit können immer am Einspruch des Volkes scheitern. Die Regierenden werden mit der direkten Demokratie an der kurzen Leine gehalten, und das ist gut so: Ohne Bürgerbeteiligung gäbe es in Österreich bereits drei Atomkraftwerke und im Waldviertel ein Endlager für radioaktiven Müll. Unser Land würde viel besser dastehen, wenn wir auch über sichere Grenzen, Asyl-Politik, CETA, Steuerlast, Verwaltungsreform, Registrierkassen und härtere Strafen für Vergewaltiger abstimmen könnten.

Entweder »wir fahren ungebremst gegen die Wand« – wie der ehemalige Rechnungshofpräsident Josef Moser sagte –, oder wir kehren die Machtverhältnisse um. Wie in der Schweiz. Den Unterschied der Modelle brachte Journalistenlegende Kurt Felix auf den Punkt: »Österreich hat glückliche Politiker und ein unglückliches Volk – die Schweiz hat ein glückliches Volk und unglückliche Politiker.«

ERSCHIENEN AM 22.10.2017

VERLIEREN KANN AUCH EIN GEWINN SEIN

Die Wähler haben Bevormunder, Besserwisser und politisch Korrekte satt. Die Grünen sind aus dem Parlament geflogen.

Was sind eigentlich die Themen wirklich guter grüner Politik? Direkte Demokratie, Frauenrechte, Natur- und Tierschutz. Kampf für ein gesundes Leben und gegen die Klima-Katastrophe. Ökologische Marktwirtschaft statt Kapitalismus. Bekämpfung der Fluchtursachen in Afrika und im Nahen Osten statt Völkerwanderung. Eine grüne Bewegung mit diesen Inhalten hätte die absolute Mehrheit in Österreich. Und genau diese Inhalte bräuchte unser Land dringender denn je.

Doch die Grünen entwickelten sich zu einer abgehobenen Verbots-, Besserwisser- und Multikulti-Partei: Sie standen am Ende fast nur noch für Genderwahn, Sprachpolizei, politisch-korrektes Gutmenschentum, Autofahrer-Schikanen, Ignorieren von Mehrheiten bei Bürgerbefragungen und rücksichtslose Verbauung von Kulturdenkmälern wie der Karlskirche oder dem 45 Hektar großen Erholungsgebiet »Steinhofgründe«. Während in anderen Ländern wegen der Flüchtlingskrise bereits der nationale Notstand ausgerufen wurde, galt es bei den Grünen weiterhin als schick, für grenzenlose Immigration zu sein. Jede kritische Einstellung zur schrankenlosen Massenzuwanderung fanden sie rassistisch oder bildungsfern. Grüne Abgeordnete verdienen mehrere

Tausend Euro pro Monat und leben in gehobener Mittel-schicht. Die Lebenswirklichkeit jener Menschen, denen sie gerne Alltags-Rassismus unterstellen und die nicht das Geld haben, um in schicke Altbauwohnungen umzuziehen oder ihre Kinder auf teure Waldorf-Schulen zu schicken, interes-sierte sie kaum.

Alexander Van der Bellens großer Erfolg bei der Präsi-dentschaftswahl und die Strahlkraft von Peter Pilz verdeck-ten das Problem: Die Grünen waren reformunfähig und zu einer Art Funktionärspartei der Bevormunder, Hochmüti-gen und politisch Korrekten geworden. Nun sind sie aus dem Parlament geflogen. »Verlieren kann eben auch ein Ge-winn sein.«

ERSCHIENEN AM 29.10.2017

»WER NICHT MIT DER ZEIT GEHT, WIRD MIT DER ZEIT GEHEN MÜSSEN.«

Die Nationalratswahl hat keinen Rechtsruck gebracht. Es waren bloß jene erfolgreich, die mit der Zeit gehen.

Wer in der ehemaligen Sowjetunion für die Privatisierung des Gurkenhandels eintrat, war ein Faschist. Wer in den USA gegen die Todesstrafe demonstriert, gilt als Linker. Wer zu Beginn der Flüchtlingskrise nicht am Bahnhof »Welcome« schrie und klatschte, war ein rechter Hetzer. Und wer es heute noch tut, stellt sich gegen die Politik der SPÖ, deren Verteidigungsminister Panzer an die Brennergrenze schicken wollte.

Das »Links-Rechts-Schema« ist überholt. Es gibt nur Vernünftiges und Unvernünftiges. Deshalb können auch immer weniger Menschen mit starrer Partei-Ideologie etwas anfangen. Warum etwa muss ein Sozialdemokrat automatisch für Genderwahn und Völkerwanderung sein? Wieso ist man im rechten Eck, wenn man wieder »Recht und Ordnung« auf den Straßen haben will?

Die Denkmuster der Vergangenheit passen nicht mehr in unsere Zeit. Das sieht man am Beispiel des Freihandelsabkommens TTIP. Hätte Österreich nach dem Krieg den freien Handel abgelehnt, dann wäre das glatter wirtschaftlicher Selbstmord gewesen. Aber der Freihandel im Jahre 2017 ist nicht mit dem Freihandel der 1950er Jahre zu vergleichen. TTIP ist nur zu einem geringen Teil ein Handelsvertrag. Es ist in erster Linie ein geostrategisches Instrument der USA, damit US-Konzerne den 500-Millionen-Verbrauchermarkt EU besetzen, bevor die Chinesen oder Russen da sind. Es ist moderne Geostrategie nach dem Motto: »Wer zuerst kommt, kriegt die Beute.« Viele Politiker erkennen das nicht, weil sie noch in verfehlten Kategorien des letzten Jahrhunderts denken.

Oder das Asylchaos: Seit 2015 haben wir es mit einer Völkerwanderung zu tun. Mehrere Hundert Millionen Menschen wollen ins nördliche Europa. Das politische und journalistische Establishment tut jedoch so, als würde es sich um die Gastarbeiterdiskussion der 1970er Jahre handeln.

Die Nationalratswahl 2017 hat keinen Rechtsruck gebracht. Es haben nur jene verloren, die Helmut Qualtingers Warnung nicht verstanden haben: »Wer nicht mit der Zeit geht, wird mit der Zeit gehen müssen.«

ERSCHIENEN AM 5.11.2017

AUF DEM WEG ZUR GLOBALEN VORHERRSCHAFT

China strebt die globale Vorherrschaft an. Das neue digitale Zeitalter der Roboter und künstlichen Intelligenz soll das Machtgefüge der Welt zugunsten Pekings verändern. Europa mit seinem Bildungs-, Schulden- und Flüchtlingschaos ist in dieser Neuordnung chancenlos und wird von chinesischen Staatsmedien sogar verhöhnt.

In Hongkong gibt es unter 100 Zehnjährigen 45 Mathematik-Asse. In Deutschland sind es gerade einmal fünf und in Frankreich nur zwei. In Österreich fehlen Untersuchungen. Fest steht nur, dass 30% unserer 15-Jährigen nach neun Jahren Schule Analphabeten sind.

In China verlassen jedes Jahr eine Million Ingenieure nationale Universitäten – sechsmal so viele wie in den USA. Der US-Konzern »Apple« (iPhone) hat für 500 Millionen Dollar zwei Forschungszentren an chinesischen Hochschulen errichtet, um mit den jungen Chinesen Schritt halten zu können. In Deutschland hingegen sind über 90% der Maturanten einem Mathematikstudium nicht gewachsen. In Österreich sind bei der letztjährigen Zentralmatura nicht nur ganze Schulklassen, sondern sogar ganze Schulen geschlossen in Mathematik durchgefallen.

Und während die EU über die fünfte Griechenlandrettung und Mittelmeerflüchtlinge diskutiert, teilen sich die drei chinesischen Konzerne Baidu, Alibaba und Tencent mit Google, Facebook, Microsoft und Amazon den europäischen Markt auf. »Schon in den nächsten fünf Jahren wird es mehr Innovationen in China geben als im Silicon Valley«, prophezeit der Gründer der weltweiten Online-Taxi-Vermittlung UBER.

Mit einem Wort: Unsere Zukunft steht auf dem Spiel. Das digitale Zeitalter der Roboter und künstlichen Intelligenz hat begonnen. Der technologische Umbruch wird unser Leben ebenso gravierend verändern wie einst die industrielle Revolution. Aber Europas Politiker haben verschlafen! China hingegen ist zu einer digitalen Supermacht geworden. Seine Führung strebt die globale Vorherrschaft an. Daran ließ Staatschef Xi Jinping in seiner letzten Rede überhaupt keinen Zweifel: Die Europäer werden in Zukunft von China abhängig sein und teuer dafür bezahlen, wenn sie chinesische Patente für selbstfahrende Autos, Smartphones, Präzisionsmedizin, Roboter, Drohnen, 3D-Drucker, Online-Dienste oder Bezahlsysteme nützen wollen.

Europa ist für die Welt kein Vorbild mehr. Die Zeit, als andere Länder die Europäer nachahmen wollten, ist endgültig vorüber. Chinesische Staatsmedien machen sich über den Verfall des Westens lustig.

Europa muss aufwachen. China hat Weltmachtambitionen. Das Land ist diktatorisch geführt. Die Abhängigkeit von chinesischen Patenten macht uns total erpressbar. China hat den Sprung in die digitale Wirtschaft schneller vollzogen als viele westliche Länder. Die Chinesen haben ganze Forschungs- und Entwicklungsphasen übersprungen. Das muss auch uns gelingen, wenn wir nicht zu einer chinesischen Kolonie werden wollen. Das sollten Europas Regierungen eigentlich begriffen haben. Allerdings meinte der deutsche Altkanzler Helmut Schmidt: »Die Dummheit von Regierungen sollte niemals unterschätzt werden.«

ERSCHIENEN AM 12.11.2017

EIN FEHLSCHLUSS

Papst Franziskus beklagt die niedrige Geburtenrate in Europa. Gibt es wirklich zu wenige Menschen?

Papst Franziskus prangerte in einer Rede die dramatische Unfruchtbarkeit in Europa an. Es würden zu wenige Kinder gezeugt. Gleichzeitig warnte er angesichts der Flüchtlingskrise vor der Errichtung von Mauern. Franziskus unterliegt einem Fehlschluss.

Die Erde leidet unter der dramatischen Bevölkerungsexplosion. 1804 gab es etwa eine Milliarde Menschen. 1927 waren es schon zwei Milliarden. Heute sind es bereits 7,3 Milliarden, und in 50 Jahren werden es 16–32 Milliarden Menschen sein. Die Folgen sind verheerend: Energie-, Wasser- und Nahrungsmangel, Verbauung, Raubbau, Klimawandel, Müllberge, Bürgerkriege, Verteilungskämpfe, fehlende Jobs, Slums, Kriminalität und Migrationswellen.

Alleine in Afrika gibt es alle 100 Tage um 7 Millionen mehr Menschen. In Asien werden in ein paar Jahren 5,3 Milliarden Menschen leben. Und wenn es nach Papst Franziskus geht, dann soll Europa diesen Wahnsinn mitmachen?

Nichts wäre falscher. Europa braucht nicht mehr Menschen. Wir stehen vor der »dritten industriellen Revolution«. Die Arbeitswelt unserer Kinder wird von Robotern, Künstlicher Intelligenz und Digitalisierung beherrscht werden. Es wird selbstfahrende Autobusse, Pflegeroboter und menschenleere Fabriken geben. Europa ist kein Dritte-

Welt-Staat. Wir benötigen nicht mehr Menschen, sondern bessere Technisierung. Beispielhaft gesagt: Wir brauchen nicht 10.000 Erntehelfer mit Spitzhacken und Körben auf den Feldern, sondern eine Erntemaschine samt Fahrer und Mechaniker. Nur so bleiben wir konkurrenzfähig. Nur so können wir die hohen Umsätze erwirtschaften, um den Sozialstaat zu finanzieren.

Und wenn wir – wie Papst Franziskus will – die Grenzen für etwa 400 Millionen Afrikaner und Araber öffnen, die alle nach Europa wollen, so wäre damit niemandem geholfen. Denn wie Peter Scholl-Latour sagte: »Wer halb Kalkutta aufnimmt, hilft nicht Kalkutta, sondern wird selbst zu Kalkutta.«

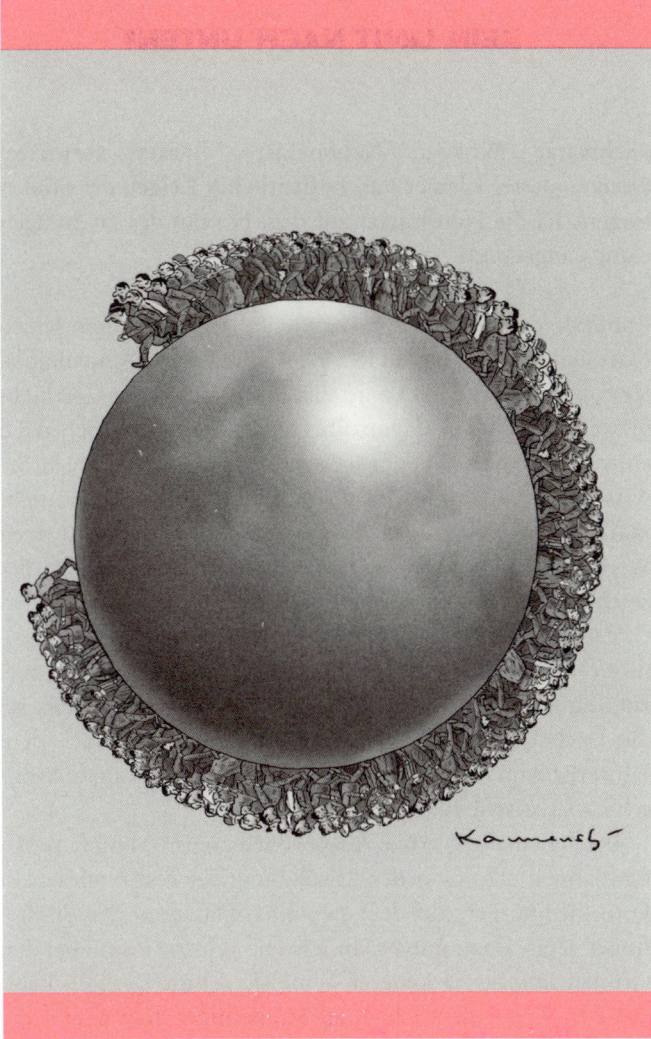

ERSCHIENEN AM 19.11.2017

KEIN LIMIT NACH UNTEN?

»Schwarze Witwe«, »Neofeschist«, »geistig verwirrter Greis«, »fetter Kleiner« und öffentliches Zeigen des Stinkefingers. Ist die Politik jetzt auf dem Niveau des Dschungelcamps angelangt?

Bundeskanzler Kern hielt seine erste Rede vor dem neuen Nationalrat. Er warnte FPÖ-Chef Strache vor Außenminister Kurz: »Für die FPÖ wird das eine interessante Geschichte werden, ich bin davon überzeugt. Sie haben sich dazu entschieden, sich mit der türkisen Braut ins Bett zu legen. Sie wissen aber auch aus der historischen Erfahrung: Manchmal muss man aufpassen, dass man nicht mit der Schwarzen Witwe aufwacht.« »Schwarze Witwe« ist die gängige Bezeichnung für Serienmörderinnen.

Zuvor nannte die Wochenzeitung »Falter« Außenminister Kurz einen »Neofeschisten«. Wen dieses Wortspiel zufällig an den Begriff »Neofaschist« erinnert, dem sei die Definition von Faschismus nachgeliefert: »Nach dem Führerprinzip organisierte, nationalistische, antidemokratische, rassistische Ideologie.«

Die (ehemalige) grüne Abgeordnete Sigrid Maurer veröffentlichte am Tag vor der Angelobung des Nationalrats ein Foto im Internet, auf dem sie »allen Hassern« den Stinkefinger zeigt. Dazu muss man wissen: »Hasser« sind bei den Grünen immer die anderen – nie sie selbst. Deshalb kann Frau Maurer öffentlich ihren Stinkefinger zeigen und die

Grün-Alternative Jugend »Wer Österreich liebt, muss scheiße sein« oder »Nimm dein Flaggerl für dein Gaggerl« plakatieren.

International geht es derzeit ebenso steil zu. Nordkoreas Diktator Kim nannte den mächtigsten Mann der Welt, US-Präsident Trump, einen »geistig verwirrten Greis«. Der Amerikaner ließ das nicht auf sich sitzen und nannte den – mit Atombomben gerüsteten – Nordkoreaner »klein und fett«.

»Wir erleben eine Verrohung der Sprache, eine unglaubliche Respektlosigkeit, die Bereitschaft, persönlich vernichtend mit Personen umzugehen. Wir wissen aus der Geschichte, dass der Gewalt der Worte irgendwann die Gewalt der Taten folgt.«

Dieses Zitat stammt lustigerweise ausgerechnet von Bundeskanzler Kern. Er sagte diese Sätze vor einem Jahr in einem »Zeit online«-Interview. Das trug den Titel: »Kein Limit nach unten.«

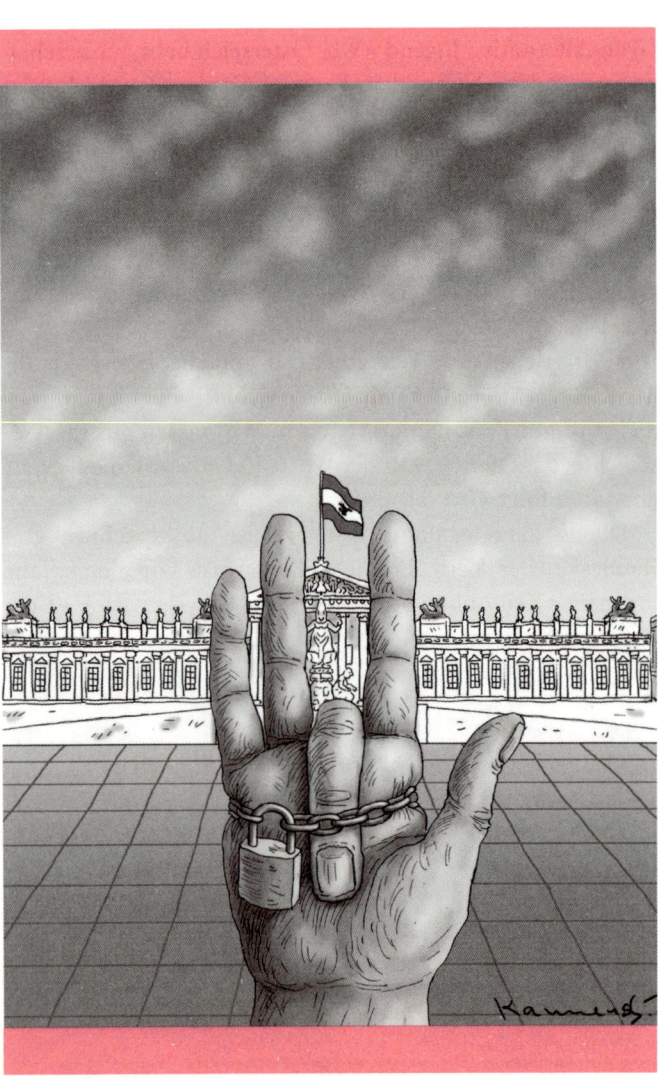

ERSCHIENEN AM 26.11.2017

NUR HEISSE LUFT

An der 23. UN-Weltklimakonferenz in Bonn nahmen 30.000 Vertreter von 195 Staaten und NGOs teil. 4.500 Helfer waren vor Ort. Die Kosten betrugen 100 Millionen Euro. Doch statt die Erde vor Überhitzung und Untergang zu retten, versank der Klimagipfel in einem skurrilen Desaster.

Es war die größte Konferenz, die jemals in Deutschland stattgefunden hat. Es musste sogar eine künstliche Zeltstadt hochgezogen werden. Die 30.000 Teilnehmer an der 23. UN-Klimakonferenz in Bonn sollten die Erde vor Überhitzung und Untergang bewahren. Doch der Gipfel verkam zu einer skurrilen Show:

Den Auftakt bildete die Eröffnungsrede von Kanzlerin Merkel. »Die Erderwärmung ist eine Schicksalsfrage für die Menschheit« und »Wir in Deutschland werden uns mühen«, sagte sie. Das war alles. Dann eilte Merkel wieder zu den Koalitionsverhandlungen mit den Grünen und ließ das verdutzte Publikum sitzen.

Als Zweiter sprach der französische Präsident Macron. Da kam auch gleich Stimmung auf. Der Franzose erhielt tosenden Applaus für seine Ankündigung, dass »Frankreich bis 2021 alle Kohlekraftwerke ausschalten wird«. (Dass Kohlekraftwerke in Frankreich gerade einmal 5% Strom erzeugen und 95% aus teils völlig veralteten Atomkraftwerken stammen, erwähnte Macron in seiner scheinheiligen Rede nicht. Die hessische Umweltministerin fiel auch prompt auf die Silberzunge des Franzosen hinein. Die Grüne twitterte begeistert: »Starke Rede von Macron«, obwohl sie noch eine Woche zuvor Hessens Ausstieg aus der Atomkraft gefeiert und die »Ära der Atomenergie« für beendet erklärt hatte.)

Dann erreichte die Konferenzteilnehmer die Nachricht, dass Syrien und Nicaragua dem Pariser Klimaschutzabkommen beitreten wollen. Es kam zu spontanem Jubel und Applaus. Zur Erinnerung: Das Pariser Klimaschutzabkommen soll eine Erderwärmung von mehr als 1,5 Grad verhindern. Das Abkommen hat allerdings einen Schönheitsfehler: Selbst wenn sich alle Länder daran hielten, käme es immer noch zu einem Anstieg um 4 Grad!

Arnold Schwarzenegger trat dann als Redner auf. Er kritisierte US-Präsident Trump scharf für dessen Ausstieg aus dem Pariser Klimaschutzabkommen. Dabei sind die USA aus dem Abkommen gar nicht ausgestiegen. Sie waren vielmehr nie »drinnen«. Denn Barack Obama hatte das Abkommen dem US-Kongress nicht vorgelegt, weil er wusste, dass dies mit einer Niederlage für ihn geendet hätte.

Am Ende der Konferenz – nach 12 Tagen – fassten die Teilnehmer folgende Beschlüsse zur Rettung des Klimas:

– Die indigenen Völker wie die Aruhaco in Südamerika, die Pygmäen oder Moken sollen künftig stärker in die Verhandlungen einbezogen werden.
– Die Mitgliedstaaten sind dazu aufgerufen, für die anteilige Beteiligung von Frauen in ihren Delega-

tionen zu sorgen. Eine UN-Beauftragte soll das überwachen.
- Brasilien wird Gastgeber der übernächsten Konferenz.

Alle 23 UN-Klimagipfel endeten im Desaster. Geändert hat sich nichts.

ERSCHIENEN AM 3.12.2017

MEHR ALS EIN FEHLURTEIL

Der arabischen Fluggesellschaft »Kuwait Airways« ist es nicht zumutbar, israelische Staatsangehörige zu befördern. Das entschied das Landgericht Frankfurt. Das Urteil ist ein Skandal. Man stelle sich etwa vor, eine deutsche Fluggesellschaft würde sich weigern, türkische Staatsangehörige zu befördern.

Das Urteil des Landgerichts Frankfurt ist ein gesellschaftlicher, rechtlicher und politischer Skandal. Ein in Deutschland wohnhafter israelischer Student hatte bei Kuwait Airways einen Flug von Frankfurt nach Bangkok gebucht. Als die Fluglinie erfuhr, dass der Passagier israelischer Staatsbürger ist, stornierte sie sein Ticket. Aufgrund des »Kuwaitischen Einheitsgesetzes zum Boykott Israels« könne sich Kuwait Airways auch in Deutschland weigern, Israelis zu befördern, so die Fluggesellschaft. Der Student klagte wegen Diskriminierung. Das Landgericht Frankfurt wies die Klage ab und entschied, dass sich Kuwait Airways in Deutschland weigern darf, israelische Staatsangehörige zu befördern. Das sei »keine Diskriminierung« und »kein Antisemitismus«. Kuwait Airways sei es »nicht zumutbar, einen Beförderungsvertrag zu erfüllen, wenn sie damit einen Gesetzesverstoß nach den Regeln des Staates Kuwait begehe.«

Wie bitte?

Nimmt Europa jetzt schon auf antisemitische Gesetze von Scharia-Ländern wie Kuwait Rücksicht? Ein Gericht erklärt das Transportverbot für Israelis in Deutschland für rechtens, und es gibt keinen Aufschrei? Wo sind die Lichterketten, die es wohl gäbe, wenn eine deutsche Fluggesellschaft sich weigern würde, türkische oder syrische Staatsangehörige zu befördern? Ist das eine neue – falsch verstandene – Toleranz? Die begann bereits im Jänner 2016 mit dem Besuch des iranischen Präsidenten Hassan Rohani in Italien: Roms Behörden verhüllten die antiken nackten Statuen am Kapitol, damit der Staatsgast aus der Islamischen Republik Iran nicht provoziert wird.

Der Staat New York gab Kuwait Airways die richtige Antwort: Die US-Behörden stellten die Fluggesellschaft vor die Wahl, entweder Israelis zu befördern oder die Flugverbindung New York–London einzustellen. Die Schweiz forderte von den Kuwaitern dasselbe. Kuwait Airways strich daraufhin New York, London und alle innereuropäischen Flüge von ihrem Flugplan. Israelis zu diskriminieren war der staatlichen Fluggesellschaft des islamischen Emirats wichtiger, als Flüge zu verkaufen.

»Keine Toleranz gegenüber Intoleranten«, oder wie der New Yorker Stadtrat Rory Lancman sagte: »Wenn jemand so antisemitisch ist, dass er lieber eine Flugverbindung einstellt, als israelische Staatsbürger zu befördern – dann ist es gut, dass wir sie los sind.«

KUWAIT AIRWAYS

05:10	London - New York	annulliert
06:10	London - New York	annulliert
07:10	London - New York	annulliert
08:10	London - New York	annulliert
09:10	London - New York	annulliert
10:10	London - New York	annulliert
11:10	London - New York	annulliert
12:10	London - New York	annulliert
13:10	London - New York	annulliert
14:10	London - New York	annulliert
15:10	London - New York	annulliert
16:10	London - New York	annulliert

Kamenss

ERSCHIENEN AM 10.12.2017

EIN SCHLUSSLICHT OHNE NOTEN

In den Volksschulen sollen die Schulnoten wieder eingeführt werden. Noch-Bildungsministerin Hammerschmid fürchtet, dass Österreich deshalb »zu einem internationalen Schlusslicht« werden könnte. Ihre Furcht ist unbegründet: Wir sind schon das internationale Schlusslicht.

Österreichs Schulsystem liegt am Boden. 40% der Schüler können am Ende der Volksschule nicht sinnerfassend lesen. Das ergab die »Standardüberprüfung in Deutsch für die 4. Klasse«. 10-Jährige lesen einen einfachen Text und wissen nicht, was sie gerade gelesen haben. Und das, obwohl »alle Schüler mit mangelnden Deutschkenntnissen« von der Teilnahme an dem Test ausgenommen waren!

Um dieses bildungspolitische Totalversagen zu verschleiern, hat man in den Volksschulen das Sitzenbleiben und die Schulnoten abgeschafft. Das ist so, als wollte man eine Krankheit dadurch heilen, dass man das Fieberthermometer wegwirft.

Das Motto lautet: Alle kommen durch! Im Zeugnis stehen keine Schulnoten von 1–5, sondern »verbale Beurteilungen«: Das ist inhaltsleeres Blabla über die Persönlichkeit des Schülers, das möglichst positiv sein soll. Wer nicht lesen und schreiben kann, von dem heißt es im Zeugnis, »er kann gut zuhören und versteht so manches«. Wer von anderen abschreibt, »delegiert seine Hausaufgaben erfolgreich«. Und wer dämliche Antworten gibt, schwänzt und von der

Schule fliegt, »ist sehr originell, widmet sich erfolgreich außerschulischen Aktivitäten und verlässt die Schule auf eigenen Wunsch, um sich neuen Herausforderungen zu stellen«.

Das Niveau in Österreich ist so tief gesunken, dass sogar schon Kindergärten als »Bildungseinrichtungen« bezeichnet werden (© Sonja Hammerschmid, Noch-Bildungsministerin).

Nun gibt es Pläne, die Schulnoten in den Volksschulen wieder einzuführen. Noch-Bildungsministerin Hammerschmid fürchtet, dass Österreich deshalb »zu einem internationalen Schlusslicht werden könnte«. Wieso werden könnte? Wir sind bereits ein internationales Schlusslicht.

Zum Ländervergleich: In Österreich können 30% aller 15-Jährigen nach neun Jahren Schule nicht lesen, schreiben oder rechnen. In Tunesien sind es 25%, in Ruanda 27% und in Dschibuti 29%. Schlimmer als bei uns ist es nur noch in Eritrea (35%), Osttimor (41%), Burundi (42%) und Burkina Faso (71%).

ERSCHIENEN AM 24.12.2017

IM NAMEN DES VATERS?

Genderwahn nun auch in der Bibel! In der Neufassung der Heiligen Schrift gibt es keinen Adam mehr, Söhne werden in Kinder umbenannt, und Jesus wird ab nun von einer Apostelin begleitet. Gott soll künftig nicht mehr Gott, sondern geschlechtsneutral »JHWH« heißen. Was wie ein Witz klingt, ist heiliger Ernst.

Die Bischofskonferenzen von Deutschland, Österreich, Luxemburg, Vaduz und Straßburg haben die Neufassung der Bibel in Auftrag gegeben. Die neue Version gilt ab sofort im gesamten deutschsprachigen Raum. Sie soll »fairer und sorgfältiger mit den Geschlechtern umgehen«.

Was die Gender-Katholiken darunter verstehen, ist schon bald in jeder Sonntagsmesse zu hören: In der Bibel gibt es keinen Adam mehr! Die Schlüsselszene – der Sündenfall mit Apfel und Schlange – findet ohne Mann statt. In der neuen Gender-Version ruft Gott nicht mehr nach »Adam«, sondern nach »dem Mensch«. Statt eines Mannes gibt irgendein geschlechtsneutraler »Mensch« seiner Frau den Namen Eva. Wörtlich heißt es nun: »Der Mensch und seine Frau Eva« (Damit haben sich die Gender-Katholiken allerdings ein Eigentor geschossen. Die neue Version ist frauenverachtend. Ist Eva etwa kein Mensch?). »Söhne« gibt es in der gendergerechten Bibel auch nicht mehr. Sie werden zu »Kindern«. Und das Allerneueste ist, dass es jetzt auch eine Apostelin gibt. Sie heißt »Junia« und begleitet Jesus auf seinen zahlreichen Abenteuern. In einem zweiten Schritt soll das Wort »Gott« abgeschafft werden. Diesem Begriff haftet angeblich der »üble Beigeschmack der Vaterherrschaft« an. Gott soll nicht mehr Gott, sondern »JHWH« heißen.

Man kann sagen: Die Gender-Katholiken beweisen wirklich Humor. Adam, Kevin, Erich, Ali, Detlev, Kurt, Stefan, Christian, José, Udo, René, Paul, Barack, Hans und Sitting Bull heißen jetzt »Mensch«. Junia ist die Gefährtin von Jesus. Der wiederum ist nicht der Sohn Gottes, sondern das Kind von JHWH. Und Eva ist eine Frau, aber kein Mensch.

Und unsere Schildbürger verbeugen sich ehrfurchtsvoll vor ihrem selbst erfundenen Glauben, den sie sich für Gott ausgedacht haben.

ERSCHIENEN AM 14.1.2017

DIE TÜRKEI AM RANDE DES BÜRGERKRIEGS?

Ein neues Gesetz könnte schon bald zum Bürgerkrieg in der Türkei führen: Präsident Erdogan stellt per Notdekret jeden Bürger straffrei, der »gegen die Fortsetzung des Putsches vom Juli 2016« Handlungen setzt. Mit einem Wort: Zivilisten könnten zur Verteidigung des Regimes zu Gewalt und Lynchjustiz greifen.

Der dilettantische Putschversuch in der Türkei im Juli 2016, die Verhaftungswellen und das daran anschließende Verfassungs-Referendum hatten es in sich. Spekulationen, wonach Teile der regierenden Partei AKP den Umsturzversuch selbst inszeniert hatten, um die Macht von Präsident Erdogan auszuweiten, sind bis heute nicht abgerissen. Wie auch immer. Am Ende zählt bei historischen Ereignissen immer nur die Antwort auf jene Frage, die der große römische Redner Cicero stellte: Cui bono? Wem nützt es?

Die Antwort ist klar: Präsident Erdogan. Er wollte von Anfang an die moderne Türkei in eine streng islamische Selbstherrschaft verwandeln. »Die Demokratie ist nur der Zug, auf den wir aufsteigen, bis wir am Ziel sind. Die Moscheen sind unsere Kasernen, die Minarette unsere Bajonette, die Kuppeln unsere Helme und die Gläubigen unsere Soldaten.« Für diesen Satz wanderte Erdogan ins Gefängnis und erhielt von einem türkischen Gericht lebenslanges Politikverbot. – Das war die alte Türkei. Heute ist es anders.

Der stümperhafte Putschversuch 2016 lieferte Erdogan den Grund, per Gesetz das Kopftuch wieder einzuführen, Zeitungen zu schließen, über 100.000 Andersdenkende zu verhaften, die liberale Armee zu »säubern«, 150.000 Beamte sowie Zigtausende Lehrer, Staatsanwälte und Richter zu entlassen. Das darauffolgende Verfassungs-Referendum 2017 hat dann das Ende der modernen Türkei besiegelt: Das Land ist heute eine Art islamische Autokratie. Der knappe Ausgang des Referendums mit 51,18% Ja-Stimmen zu 48,82% Nein-Stimmen ist wohl auf grobe »Unregelmäßigkeiten« zurückzuführen. OSZE-Wahlbeobachter berichteten von Verhaftungen zahlreicher Journalisten und Oppositioneller sowie Einschüchterungen und Drohungen gegen das »Nein-Lager«. Stimmzettel und Umschläge ohne amtlichen Stempel wurden nachträglich für gültig erklärt. Dabei soll es sich laut der deutschen Tagesschau um bis zu drei Millionen »zusätzliche Stimmen pro Erdogan« gehandelt haben.

Die Machtverhältnisse in der Türkei sind also alles andere als stabil. Noch am Weihnachtstag 2017 wurden 2.700 Staatsbeamte entlassen.

Präsident Erdogan hat nun ohne Parlament ein neues Notstands-Gesetz erlassen: Jeder türkische Bürger ist straffrei, wenn er Handlungen »gegen die Fortsetzung des Putsches vom Juli 2016« setzt. Zivilisten könnten somit legal zu Gewalt und Lynchjustiz gegen Regime-Gegner greifen. »Die Menschen werden anfangen, sich auf der Straße in den Kopf zu schießen. Das Dekret stellt Zivilisten straffrei, die sich gegenseitig töten und lynchen«, so der Vorsitzende der türkischen Anwaltskammer.

Erdogans Justizminister beschwichtigt, dass sich das neue Gesetz nur auf die Zeit des Putschversuches beziehe, also nur »auf die Nacht des 15. Juli und den Morgen des 16. Juli«. Doch das geht aus dem schwammigen Gesetzestext so nicht hervor.

Die Situation ist brandgefährlich. Rote Linien sind überschritten. Die EU-Beitrittsgespräche sind nur noch der Ritt auf einem toten Pferd.

ROTE LINIE

ERSCHIENEN AM 21.1.2018

ASYL FÜR ALLE!

Das EU-Parlament will das Asylrecht zerstörerisch ausweiten: Jeder Mensch weltweit, der behauptet, weitschichtige Verwandte in Österreich zu haben, soll bei uns Asylwerber werden dürfen. Sollte dieses Gesetz beschlossen werden, wäre dies das Ende Österreichs, wie wir es kennen.

Auf unser Land könnte ein noch nicht da gewesener Ansturm von Asylwerbern aus aller Welt zukommen. Denn das EU-Parlament will das Asylrecht ändern: Künftig soll nicht mehr der erste sichere Drittstaat, in den ein Asylwerber eingereist ist, für das Asylverfahren zuständig sein. Künftig soll der Staat zuständig sein, in dem bereits Angehörige des Asylwerbers leben. Mehr noch: Die »bloße Behauptung« einer Familienverbindung soll ausreichen, um ein Visum etwa nach Österreich zu erhalten. In dem Entwurf des EU-Parlamentes, das dem Nachrichtenmagazin »Der Spiegel« vorliegt, heißt es: »Im Ergebnis wäre ein Mitgliedstaat, in dem sich bereits zahlreiche Ankerpersonen befinden, für weitreichende Familienverbände zuständig.«

Was dieser Wahnsinn für Schweden, Deutschland und Österreich bedeutet, ist leicht erklärt: In Afrika und dem Nahen Osten sitzen 400 Millionen Menschen auf gepackten Koffern. Acht Millionen Afghanen wollen ihr Land verlassen. 800.000 Migranten warten in libyschen Häfen auf die Überfahrt nach Europa. Sie alle bräuchten nur zur österreichischen Botschaft gehen, eine weitschichtige Verwandtschaft zu Personen in Österreich behaupten, ihre Visa abholen und ins nächste Flugzeug nach Wien steigen. Hier angekommen, stellen die Neuankömmlinge den Asylantrag und erhalten ihre monatliche Grundversorgung samt Zuschüssen und Krankenversicherung. Und zwar so lange, bis unsere Behörden – nach Jahren – geklärt haben, ob überhaupt jemals ein Asylgrund oder eine weitreichende Familienverbindung nach Österreich bestanden hat.

Aber auch da sollte man sich keinen Illusionen hingeben: Abschieben kann man später kaum noch jemanden. Und die Verwendung gefälschter Dokumente (Geburtsurkunden, Pässe, Registerauszüge) – die zum Teil von korrupten Behörden im Herkunftsland ausgestellt werden – ist für unsere Beamten schwer feststellbar. Der Tsunami träfe übrigens nur die wohlhabenden EU-Staaten. Bulgarien oder Rumänien sind mangels Volksvermögens für einen »Asyl-Ansturm« nicht attraktiv genug.

Die deutsche Regierung ist bereits alarmiert. »Wenn jeder der über 1,4 Millionen Menschen, die seit 2015 in Deutschland Asyl beantragt haben, zur Ankerperson für neu in der EU ankommende Schutzsuchende wird, reden wir über ganz andere Größenordnungen als bei der Familienzusammenführung.« Deutschland »müsste erheblich mehr Asylsuchende aufnehmen«, und »Obergrenzen würden zunichtegemacht«, heißt es aus dem deutschen Innenministerium.

Diese Analyse ist noch untertrieben. Unser Land würde in ein unabsehbares Chaos stürzen. Österreichs Regierung muss gegen diesen Gesetzesvorschlag beim Rat der Europäischen Union ein Veto einlegen – und dem EU-Parlament deutlich mitteilen:

Zur Selbstzerstörung lassen wir uns nicht verpflichten!

ERSCHIENEN AM 28.1.2018

VIVE LA FRANCE!

Frankreichs Premierminister hat allen Beamten verboten, »Gender-Schreibweisen« zu verwenden. In der französischen Verwaltung gibt es ab sofort kein Binnen-I oder dergleichen mehr. Es ist höchste Zeit, dass unsere Regierung dasselbe Verbot ausspricht.

Wer kennt es nicht: das idiotische Binnen-I. Es macht aus Männern »MännerInnen«, aus einem Bärenhunger einen »BärInnenhunger« und aus Karl Nehammer seit letzter Woche einen/eine ÖVP-GeneralsekretärIn.

Österreich ist das einzige Land Europas, in dem das Gendern in Schulbüchern zur Pflicht gemacht wurde. An heimischen Universitäten müssen alle Arbeiten »gendergerecht« formuliert sein. Die Stadt Wien hat sogar einen »Leitfaden für geschlechtergerechtes Formulieren« herausgegeben. Wo es aber um sozial verwerfliches Verhalten geht, wird das Binnen-I seltsamerweise nicht verwendet – von MörderInnen, DiebInnen und SpekulantInnen liest man nie etwas. Und vor allem: Wie spricht man ein Binnen-I so, dass auch Männer sich angesprochen fühlen? Erst unlängst redete ein Gewerkschaftsfunktionär im ORF von »ArbeitnehmerInnen« – also nur von Frauen. Er hätte auch von »Mitgliederinnen und Mitgliedern« sprechen können, aber das wäre eine sexistische Diskriminierung aller Transsexuellen und sexuell Uneindeutigen der mittlerweile 58 verschiedenen Geschlechter gewesen.

Um diese Stolpersteine wegzuräumen, macht man neuerdings aus »StudentInnen« geschlechtsneutrale »Studierende«. Wie dämlich das ist, beweist die Todesanzeige: »Die Beisetzung des Studierenden findet im engsten Familienkreis statt.« Auch ist ein Flüchtender etwas anderes als ein Flüchtling. Und »der Fahrer von Sebastian Kurz« ist eine Person, wohingegen »ein Fahrender von Sebastian Kurz« eher nach einem Verdauungsproblem des Kanzlers klingt. Es ist auch keiner Frau geholfen, wenn statt »Wehe dem, der lügt« im Schulbuch »Wehe der/dem, die/der lügt« steht oder Menschen sich nicht mehr »versöhnen«, sondern »vertöchtern« und Studenten »StudirX« heißen.

All das hat Frankreichs Premierminister erkannt. Er hat in Verwaltung und Schulen das Gendern verboten. Aus Gründen der »Verständlichkeit und Klarheit« soll die geschlechterneutrale Schreibweise nicht mehr verwendet werden. Der Premier folgte damit dem Protest des »Verbandes der Blinden und Sehbehinderten«, der ein Ende des Genderns forderte. Die Schreibweisen brächten »eine unlesbare und unverständliche Sprache« hervor, die für sehbehinderte »Bildschirmleser nahezu nicht zu dechiffrieren ist«. Auch die »Académie française«, der die Pflege des Französischen obliegt, sieht im Gendern eine »tödliche Gefahr« für die französische Sprache.

Auch unsere Regierung muss die Gender-Schreibweise untersagen. Deutsch ist eine der größten Sprachen der Welt. Es ist unsere Amtssprache. Selbsternannte Anti-Sexisten haben weder das Recht noch die Qualifikation, in die Sprache der Dichter und Denker einzugreifen und diese mit großem I, Schrägstrichen, Unterstrichen oder Sternchen ins Lächerliche zu verändern.

Wer Frauen wirklich einen Dienst erweisen will, soll endlich gleichen Lohn für gleiche Arbeit schaffen, und nicht – wie der französische Philosoph Alain Finkielkraut sagte – mit dem völlig stupiden Projekt des Genderns ein lächerliches Stottern in die Sprache bringen.

ERSCHIENEN AM 4.2.2018

DER PLASTIK-PLANET

8,3 Milliarden Tonnen Plastik sind bislang weltweit hergestellt worden. Das macht mehr als 1000 kg Plastik pro lebendem Menschen auf der Welt. Die Hälfte hiervon wurde in den letzten 13 Jahren produziert. Nur 7,5% des Plastiks wurden recycelt. Der ungenutzte Rest belastet die Erde als Müll. Es ist an der Zeit, Plastik zu verbieten!

Drei amerikanische Wissenschaftler haben erstmals erhoben, wie viel Plastik jemals hergestellt worden ist. Die Ergebnisse ihrer Studie sind erschütternd. Unser Planet versinkt im Plastikmüll. Auf jeden lebenden Menschen kommen mehr als 1000 kg Plastik. Allein in den letzten 13 Jahren wurden über vier Milliarden Tonnen produziert. Nur etwa 30% sind in Verwendung. Der Rest belastet unsere Welt als Müll. Recycling ist ein schönes Märchen. Tatsächlich wurden nur 7,5% des weltweit hergestellten Plastiks wiederverwertet – und auch das zumeist nur ein einziges Mal!

Am schlimmsten hat es die Meere erwischt. In jedem Quadratkilometer Wasser schwimmen Hunderttausende Teile Plastikmüll. Der ist biologisch nicht abbaubar und enthält Giftstoffe wie Weichmacher oder Flammschutzmittel, die von Sonne und Salzwasser freigesetzt werden. Auf den Weltmeeren treiben stinkende Plastikinseln. Sie wirken wie Gift-Magneten. Die größte Müllinsel ist 16-mal größer als Österreich. Sie besteht aus Plastiksackerln, PET-Flaschen, Feuerzeugen, Zahnbürsten, Zigarettenkippen, Einmalrasierern und Ähnlichem mehr. Seevögel sterben qualvoll an Handyteilen im Magen. Schildkröten halten Plastiksackerln für Quallen, und Fische verwechseln Plastikteilchen mit essbarem Plankton. Immer mehr Wale verenden. Immer mehr Seevögel ersticken oder haben tödliche Verstopfungen und verhungern bei vollem Magen. Immer mehr Fische nehmen Gift und Plastikpartikel auf. Über die Nahrungskette landet all das auf unserem Teller. Die meisten Menschen haben bereits Schadstoffe von Plastikprodukten im Blut.

Wir brauchen ein Plastikverbot! Frankreich hat Weichmacher, Obst-Sackerln und Plastikgeschirr bereits verboten. Mikroplastik in Kosmetikprodukten wie Duschgels oder Zahnpasten – es gelangt in Umwelt und Gewässer – muss der Vergangenheit angehören; ebenso Plastikverpackungen für Lebensmittel.

Unsere Regierung muss handeln! Wir brauchen eine neue Öko-Bewegung. Wie schrieb KRONE-Gründer Hans Dichand: »Ich halte gegenwärtig für das wichtigste Anliegen der Menschheit zu erkennen, dass wir zu zerstörenden Parasiten geworden sind. Es entstehen immer größere Schäden, die noch kaum in unser Bewusstsein dringen. Über den Umweltschutz hinausgehend, ist eine neue Gesinnung notwendig, ein tieferes Gefühl der Verbundenheit mit der Natur, mit Tieren, Bäumen und Pflanzen.« Man kann das Gesagte auch so ausdrücken: »Erst wenn der letzte Baum gerodet, der letzte Fluss vergiftet, der letzte Fisch gefangen ist, werdet ihr feststellen, dass man Geld nicht essen kann.«

ERSCHIENEN AM 11.2.2018

EUROPA AUF DEM WEG ZUR TRANSFERUNION

Die EU-Kommission will ab Sommer 2018 die »Transfer-union« schaffen. Das heißt, jedes Land soll für die Schulden des anderen haften. Es ist dann egal, ob wir in Österreich Sparpakete schnüren, Steuern senken, Reformen umsetzen, oder wer die Wahlen gewinnt. Unser Volksvermögen wird an Banken, Pleitestaaten und Spekulanten umverteilt.

Die EU-Kommission unter der Führung von Jean-Clau-de Juncker treibt die Verwandlung der Eurozone in eine gigantische Transferunion voran. Seit 2008 kommt es zu fragwürdigen Bankenrettungen, Schuldenerlässen und Ret-tungsschirmen für Pleitestaaten. Defizitsünder werden nicht mehr bestraft – es gibt keine Sanktionen gegen Euro-Länder, die durch hohe Schulden und Misswirtschaft die Gemein-schaftswährung gefährden. Die Europäische Zentralbank (EZB) kauft seit März 2015 um 80 Milliarden Euro pro Monat faule Kredite und Schrottpapiere von Krisenlän-dern. Das ist nichts anderes als die Umverteilung unseres Vermögens an Pleitebanken, Schuldenstaaten, fremde Gläu-biger und Spekulanten. Dieser geldpolitische Wahnsinn ent-spricht etwa 5 Hypo-Pleiten monatlich. Vor zwei Jahren haben sechs demokratisch nicht gewählte Banker der EZB – in geheimer Sitzung und ohne parlamentarische Kontrolle – die Zinsen abschafft. So etwas hatte man bis dahin eigent-lich für undenkbar gehalten. Diese »Null-Zins-Politik« hat

Österreichs Wohlstand um mehr als 30 Milliarden Euro dezimiert! In wenigen Monaten wurden Hunderte Millionen Euro an Sparvermögen der Österreicher vernichtet, um die Schulden der Krisenländer zu senken.

Griechenland, Spanien, Portugal und Italien haben die schlechtesten volkswirtschaftlichen Daten, seit es Aufzeichnungen gibt. Aber dank der Schuldenunion können sich diese Krisenländer auf den Kapitalmärkten mit immer neuen Schulden finanzieren. Kein Wunder – weil wir für sie haften. Und all das bedeutet vor allem eines: Inflation! Deshalb wird unser Geld immer weniger wert.

Alle diese Maßnahmen widersprechen klar der EU-Verfassung: Denn dort ist verankert, dass »kein Land für die Schulden eines anderen haftet«.

Und genau diese Bestimmung wollen Juncker & Co nun endgültig beseitigen. Im Sommer 2018 soll der »Europäische Währungsfonds« (EWF) als Dauer-Rettungsschirm im EU-Recht verankert werden. Österreich müsste im Ernstfall 80 Milliarden Euro an Banken oder Pleitestaaten bezahlen. Die Folge wäre die Staatsinsolvenz unseres Landes. Der EWF soll permanent Geld an Krisenländer und Banken verteilen, das wir permanent zuschießen müssen. Wir hätten kaum Mitsprache. An der Spitze des EWF steht ein Kommissar. Das soll künftiges Unionsrecht sein.

Die deutsche Bundesbank stellt sich gegen Juncker. Der ehemalige Chefvolkswirt der EZB, Otmar Issing, bezeichnet die Pläne als »Abschied von einer auf Stabilität gerichteten europäischen Gemeinschaft«. Und der CDU-Wirtschaftsrat von Kanzlerin Merkel warnt davor, »unter proeuropäisch nur mehr Umverteilung in die Krisenländer zu verstehen«.

Unsere Regierung muss sich ebenso klar gegen die Transferunion stellen. Es geht um Zukunft und Wohlstand. Wie schrieb die renommierte »Frankfurter Allgemeine Zeitung«: »Eine derartige Verstaatlichung privater Schulden gab es bislang nur in marxistischen Lehrbüchern, nicht in jenen der Sozialen Marktwirtschaft.«

ERSCHIENEN AM 18.2.2018

DIE VERRATENEN WÄHLER

Die FPÖ hat eines ihrer wichtigsten Wahlversprechen gebrochen: Es wird keine Volksabstimmung über das Freihandelsabkommen CETA geben. Mehr noch: Die FPÖ will CETA jetzt bedingungslos umsetzen und hat in einer parlamentarischen Abstimmung sogar ihr »Nein« zu den gefürchteten Konzern-Schiedsgerichten aufgegeben. Damit hat man Zigtausende Wähler verraten.

Regieren ist ein Kompromiss – keine Frage. Aber Wähler-Verrat ist eine ganz andere Kategorie. 80% der Österreicher lehnen das Freihandelsabkommen CETA ab. Die Menschen fürchten zu Recht, dass durch dieses Freihandelsabkommen »unsere Umweltstandards und Arbeitnehmerrechte fallen und der Privatisierung von öffentlichen Versorgungseinrichtungen im Gesundheitsbereich oder der Wasserversorgung Tür und Tor geöffnet ist« (Zitat: Norbert Hofer) oder »Konzerne und globale Konzerninteressen Staaten verklagen und dann solche privaten Schiedsgerichte nationales Recht aushebeln können« (Zitat: Heinz-Christian Strache).

Im Zuge der Bundespräsidentenwahl verlautbarte der FPÖ-Chef: »Wer TTIP und CETA wirklich verhindern will, sollte Van der Bellen nicht vertrauen. Nur Norbert Hofer will und wird die Abkommen ohne Volksabstimmung nicht unterschreiben!« Und über die gefürchteten Konzern-Klagen schrieb die FPÖ: »Nordamerikanische Konzerne, Großbanken und Fondsgesellschaften können Österreich klagen, nur weil sie argwöhnen, dass neue Mindestlohnregelungen, Arbeits- und Kündigungsschutzgesetze, Mitbestimmungsrechte von Arbeitnehmern oder großzügige Transferleistungen der Staaten ihre Profitaussichten schmälern.« Auch FPÖ-TV ließ die Zuschauer wissen: »Damit das Abkommen komplett in Kraft treten kann, müssen die nationalen Parlamente zustimmen. In Österreich wird die FPÖ gegen CETA stimmen.«

Die »Partei des kleinen Mannes« brachte noch drei Tage vor der Nationalratswahl 2017 medienwirksam einen Antrag im Parlament ein, mit dem sie eine verbindliche Volksabstimmung über CETA forderte. FP-Chef Strache sagte wörtlich: »Eine Volksabstimmung über CETA ist Koalitionsbedingung.« Zigtausende Bürger haben vor allem deshalb die FPÖ gewählt.

Was dann aber folgte, hat es in dieser Dreistigkeit in der II. Republik noch nicht gegeben: Die FPÖ erklärte im Regierungsprogramm, CETA jetzt bedingungslos »umzusetzen«. Und mehr noch: Die FPÖ stimmte gemeinsam mit der ÖVP im Bundesrat dafür, dass unsere Regierung Konzern-Schiedsgerichte in allen derzeitigen und künftigen EU-Freihandelsabkommen unterstützen darf.

Die bei der Abstimmung anwesenden Sozialdemokraten waren fassungslos. Denn eine Mehrheit im österreichischen Parlament könnte die Konzern-Schiedsgerichte leicht verhindern! Für ihre Regierungsbeteiligung hat die FPÖ Zigtausende Wähler verraten und es ermöglicht, dass Österreich schon bald von Großkonzernen vor privaten Schiedsgerichten auf Milliarden Euro verklagt werden könnte. Auch für TTIP gibt es nun faktisch grünes Licht.

Mit anderen Worten: Das ist kein Regierungs-Kompromiss. Das ist ein Skandal. Das ist im höchsten Maße verantwortungslos. Die Wähler werden es nicht vergessen.

Wie sagte Austropop-Legende Rainhard Fendrich über FPÖ-Chef Strache: »Er ist so wahnsinnig glücklich, dass er endlich regieren kann.«

ERSCHIENEN AM 25.2.2018

DAS MERCOSUR-ABKOMMEN

Die EU plant ein weiteres Freihandelsabkommen – diesmal mit Südamerika. Das Abkommen heißt »Mercosur«. Der Deal lautet: Die EU liefert Autos zollfrei nach Südamerika und genehmigt als Gegenleistung dafür die massenhafte Einfuhr von Billig-Fleisch nach Europa, dessen Qualität nicht kontrolliert wird. Mit einem Wort: »Deutsche Autos gegen Gammelfleisch für uns alle.«

Nach CETA steht das nächste Freihandelsabkommens vor dem Abschluss. Die EU verhandelt es mit den südamerikanischen »Mercosur-Staaten«. Das sind Argentinien, Brasilien, Paraguay und Uruguay. Das Mercosur-Abkommen ist schlimmer als CETA. Der Umfang der Importe ist achtmal höher. Die Mercosur-Staaten sind Agrar-Großmächte. Sie produzieren hauptsächlich billiges Rindfleisch und Geflügel in industrieller Massentierhaltung unter Verwendung von Hormonen, Antibiotika und Wachstumsförderern. Die Verbraucher-, Umwelt- und Gesundheitsstandards dieser Länder liegen weit unter jenen der EU. Bis 2022 soll eine Regenwaldfläche von der Größe der Bundesrepublik Deutschland abgeholzt werden. Dies, um Platz für Rinder und Gen-Mais zu schaffen. Vor ein paar Monaten kam es in Brasilien zu einem gigantischen Gammelfleisch-Skandal, von dem die gesamte Fleischwirtschaft betroffen war. Mitarbeiter der staatlichen Lebensmittelbehörde wurden von Fleisch-Multis systematisch bestochen, um vergammeltes Fleisch als unbedenklich zu stempeln. »Fleisch-Panscher« fügten Chemikalien hinzu, um Verwesungsgerüche zu verschleiern, und mixten Karton oder verwurstete Schweineköpfe als Füllmaterial in verarbeitetes Geflügelfleisch.

Die Verhandlungen der EU mit den Mercosur-Staaten sind bereits in der Endphase. Sie finden hinter verschlossenen Türen ohne parlamentarische Kontrolle statt. Bei den Gesprächen zugelassen sind nur EU-Kommissionsbeamte, Lobbyisten und Vertreter von Konzernen.

Greenpeace Niederlande wurden die geheimen Verhandlungsprotokolle zugespielt. Das Mercosur-Abkommen ist ein Skandal: Die EU will Autos und Autoteile zollfrei nach Südamerika verkaufen. Als Gegenleistung dafür genehmigt Brüssel die Einfuhr von Billig-Fleisch und gen-manipulierten Lebensmitteln, bei denen es so gut wie keine Kontrolle gibt! Der Deal lautet: »Deutsche Autos gegen Gammelfleisch für uns alle.« Profit der Konzerne auf Kosten von Verbrauchern, Umwelt und Tieren! Gebe es Kostenwahrheit und würde man in die Fleischpreise alles einrechnen, was ökologisch an Schäden angerichtet wird, dann müsste Billig-Fleisch das Zehnfache kosten.

Wir sind der Meinung, dass das Mercosur-Abkommen der falsche Weg ist.

Die ÖVP-FPÖ-Regierung hat sich im Regierungsabkommen klar für Freihandelsabkommen ausgesprochen. Sie unterschreibt CETA ohne Wenn und Aber, obwohl unser Parlament Teile des CETA-Abkommens und Konzern-Schiedsgerichte noch verhindern könnte. Auf diese Regierung können wir uns im Kampf gegen das Mercosur-Abkommen nicht verlassen. Deshalb startet die KRONE in den nächsten Wochen eine Aufklärungskampagne. Nicht gegen freien Handel und freie Märkte. Sondern für freie Menschen, Gesundheit, Umwelt- und Tierschutz.

ERSCHIENEN AM 4.3.2018

NEIN ZU KONZERNKLAGEN UND SCHIEDSGERICHTEN!

SPÖ-Chef Kern hat der KRONE bestätigt, dass die SPÖ im Parlament gegen CETA stimmen wird. Eine Mehrheit von 51% reicht aus, um die gefürchteten Konzernklagen und Schiedsgerichte zu Fall zu bringen. Die FPÖ kann ihr Wahlversprechen nun einlösen und gemeinsam mit der SPÖ die schlimmsten Auswüchse von CETA verhindern!

Etwa 80% der Österreicher lehnen CETA ab. 560.000 Menschen haben das Volksbegehren gegen dieses Freihandelsabkommen unterschrieben. In fast allen europäischen Ländern ist die Stimmung ähnlich. Aber direkte Demokratie ist in der EU ein Fremdwort. Am Ende haben alle 28 EU-Staats- und Regierungschefs CETA unterzeichnet. Auch das EU-Parlament hat dem Abkommen bedingungslos zugestimmt. Konzernvertreter und Lobbyisten ließen die Sektkorken knallen. Sie haben sich möglicherweise zu früh gefreut: Denn CETA hat derzeit keine volle Gültigkeit! Die heiklen Teile des Abkommens – die gefürchteten Konzernklagen und Schiedsgerichte – können nur in Kraft treten, wenn unser Parlament zustimmt!

Zur Erinnerung: Eine der größten Gefahren von CETA sind die Konzernklagen und Schiedsgerichte. Denn das Abkommen lautet: Kein EU-Land darf Konzerne beim Profitmachen »behindern«. Sonst drohen vor Schiedsgerichten Schadenersatzklagen in Milliardenhöhe. Die Beispiele sind bekannt: Atomkraftwerksbetreiber könnten von Österreich finanzielle Entschädigungen fordern, weil sie bei uns keine Atomkraftwerke bauen dürfen. Tabakkonzerne könnten unser Land verklagen, weil sie wegen unserer strengen Jugendschutz- und Anti-Raucher-Gesetze weniger Zigaretten verkaufen. Investoren könnten von Österreich Schadenersatz fordern, weil sie bei uns Mindestlöhne zahlen müssen und Arbeitnehmer nicht ausbeuten dürfen. Lebensmittelkonzerne könnten klagen, weil sie bei uns kein Hormonfleisch verkaufen können.

Der damalige Bundeskanzler Christian Kern unterschrieb CETA nur unter einer Bedingung: Österreichs Parlament soll eigenständig über ein »Ja/Nein« zu Konzernklagen und Schiedsgerichten abstimmen dürfen. EU-Kommissionspräsident Juncker war erzürnt und sprach von einem »Österreichischen Klamauk«.

Nein, Herr Juncker! Das war kein Klamauk. Kern ist Ihnen auf die Schliche gekommen. Und mehr noch: SPÖ-Chef Kern hat auf Anfrage der KRONE hin bestätigt, dass die SPÖ jederzeit im Parlament gegen CETA-Konzernklagen und Schiedsgerichte stimmen wird. Eine Mehrheit von 51% würde ausreichen, um dieses Übel von Österreich abzuwenden.

Die ÖVP-FPÖ-Regierung hingegen will CETA ohne Wenn und Aber im Parlament beschließen lassen. Kurz und Strache haben sich im Regierungsabkommen auf Konzernklagen und Schiedsgerichte geeinigt. Gerade die FPÖ, die sich immer als »Partei des kleinen Mannes« oder »Soziale Heimatpartei« inszeniert, hat damit jede Glaubwürdigkeit verloren.

Die blaue Parteispitze rechtfertigt ihr skandalöses Umfallen damit, dass »sich hinsichtlich CETA ohnehin nichts mehr machen hätte lassen«. Diese Ausrede ist hiermit widerlegt. Sobald die Regierung dem Parlament CETA zur Abstimmung vorlegt, kann die FPÖ mit der SPÖ gegen Konzernklagen und Schiedsgerichte stimmen. Wie gesagt: Eine Mehrheit von 51% reicht aus, um zu verhindern, dass Österreich unaufhörlich von Konzernen vor Schiedsgerichten auf Milliardenzahlungen verklagt werden kann.

ERSCHIENEN AM 11.3.2018

»LEERE VERSPRECHUNGEN«

Die wirkungslos verhallenden Volksbegehren zu CETA und Anti-Rauchen zeigen es deutlich: Die Bürger haben auch weiterhin keine Mitsprache. Das Regierungsprogramm ist insofern purer Etikettenschwindel: Es wird bei uns keine direkte Demokratie nach Schweizer Modell geben.

Direkte Demokratie nach Schweizer Modell ist leicht erklärt: Wenn 50.000–100.000 Schweizer es verlangen, dann muss über jedes Gesetz, jeden Staatsvertrag und jedes Volksbegehren eine Volksabstimmung abgehalten werden. Das Ergebnis ist bindend. Die Regierung muss den Willen des Volkes »ohne Wenn und Aber« umsetzen. Die Schweizer dürfen über alles abstimmen. Es gibt nur eine Vorgabe: Eine Volksabstimmung darf nicht gegen zwingendes Völkerrecht verstoßen; also die Einführung von Folter, Sklaverei und Völkermord können die Schweizer nicht beschließen. Sonst geht alles. In der Schweiz entscheiden eben diejenigen, für die der Staat gemacht ist: die Bürger.

Österreich ist von direkter Demokratie Lichtjahre entfernt. Das türkis-blaue Regierungsabkommen ist diesbezüglich purer Etikettenschwindel: Verpflichtende Volksabstimmungen soll es frühestens Ende 2022 geben. Aber auch das ist keine fixe Zusage unserer Regierung. Vielleicht kommt die direkte Demokratie am Ende doch nicht. Falls sie aber kommt, ist sie das Papier nicht wert, auf dem sie gedruckt ist: Ein Volksbegehren muss nämlich von mindestens 900.000 Österreichern unterschrieben sein, damit es darüber eine

Volksabstimmung gibt. Wir benötigen damit 18-mal mehr Unterschriften für ein Referendum als die Schweizer. Und das, obwohl die Schweiz und Österreich die gleiche Einwohnerzahl haben! Die Hürde von 900.000 Unterschriften haben überhaupt erst zwei von 39 Volksbegehren in Österreich genommen. So will man Volksabstimmungen schon im Ansatz scheitern lassen.

Der eigentliche Witz kommt aber erst: Wir dürfen über so gut wie nichts abstimmen!

Denn Volksabstimmungen, die »im Widerspruch zu europarechtlichen Verpflichtungen« stehen, will unsere Regierung verbieten. Das heißt im Klartext: 90% unserer Gesetze werden in Brüssel gemacht. Und zwar von 35.000 Kommissionsbeamten, die niemand gewählt hat. Auf jeden von ihnen kommt ein Lobbyist, der hauptberuflich EU-Beamte trifft, beeinflusst und manipuliert. Allein die Finanzindustrie gibt jährlich über 200 Millionen Euro für Lobbying in Brüssel aus. Über alle diese Gesetze, die massenhaft direkt auf uns durchschlagen, dürfen wir keine Volksabstimmung abhalten. Wir können uns nicht einmal dagegen wehren, wenn uns die EU die Verwendung selbst gehäkelter Topflappen verbietet. CETA, TTIP, Dauer-Banken-Rettungsschirme oder Schutz des Bargeldes können nie mehr Gegenstand von Volksabstimmungen sein. Abstimmen können wir dann nur noch über Hundeführerscheine, Kurzparkzonen und die neue Frisur von Sebastian Kurz.

Mit einem Wort: Die Bürger zählen nichts. Es haben in unserem Land weiterhin nur Parteien, Funktionäre und Günstlinge das Sagen. Wie meinte Sebastian Kurz vor der Wahl so schön: »Wir können uns hier ein Vorbild an unseren Nachbarn in der Schweiz nehmen, wo an vier Terminen im Jahr verschiedene Anliegen per Volksabstimmung entschieden werden.«

ERSCHIENEN AM 18.3.2018

ZWEI MESSERATTACKEN PRO TAG!

Innerhalb weniger Tage kam es zu mehreren blutigen Messerattacken. Die Täter waren ein abgelehnter afghanischer Asylwerber und ein islamistischer Österreicher mit ägyptischen Wurzeln. Der eine löschte fast eine Familie aus – der andere wollte einen Wachsoldaten töten. Beide Fälle zeigen die totale Hilflosigkeit unserer Regierung.

Die Zahl der Messerangriffe ist um 300% gestiegen. 2016 gab es bereits 740 Attacken. Das sind zwei Messerangriffe pro Tag. In Wien kam es zu einer regelrechten »Blutwoche«: Ein abgelehnter afghanischer Asylwerber metzelte mit dem Messer eine Arztfamilie nieder, die gerade aus einem Restaurant kam. Und Mohamed El-M. mit »eindeutigen Sympathien für den politischen Islam« wollte einen österreichischen Wachsoldaten erstechen.

Beide Fälle stehen für das Totalversagen der alten Regierung – beide Fälle stehen aber auch für die totale Hilflosigkeit der neuen Regierung. So erklärte Vizekanzler Strache: »Wer glaubt, er kann sich bei uns Asyl erschleichen, er kann das Asylrecht missbrauchen, er kann kriminell werden, Menschen nach Belieben verletzten oder gar töten, täuscht sich gewaltig.« Klingt gut. Aber »gewaltig getäuscht« wird hier nur einer – der Wähler. Denn Österreich kann aufgrund von EU-Recht so gut wie niemanden abschieben (etwa Artikel 19 Charta der Grundrechte der EU)! Hier die Beispiele:

- Wer seinen Reisepass wegwirft und den österreichischen Behörden eine falsche Identität angibt, kann nie mehr abgeschoben werden.
- Wir dürfen nicht einmal Mörder, Kinderschänder, Vergewaltiger oder Drogenhändler abschieben, wenn ihnen in ihrem Heimatland »erniedrigende Behandlung droht«. (Letzteres ist faktisch in jedem afrikanischen und arabischen Land der Fall.)
- Länder wie Marokko und Algerien nehmen ihre illegal in die EU eingereisten Staatsangehörigen nicht zurück. Die Türkei nimmt nur Personen, die freiwillig zurückkehren.

Die größte Gefahr ist der »politische Islam«. Österreich bräuchte längst ein Verbotsgesetz gegen radikalen Islamismus! Mit bis zu lebenslanger Haft müsste bestraft werden: wer radikal-islamistische Organisationen gründet, finanziert, fördert, Mitglieder anwirbt oder auch nur deren Ziele verherrlicht. Die »Initiative Liberaler Muslime Österreich« fordert seit Jahren ein Verbotsgesetz gegen radikalen Islamismus. Aber davon ist im Regierungsprogramm keine Rede.

Zusammengefasst bedeutet das: Rot und Schwarz (»Kern und Kurz«) haben das Problem verursacht. Schwarz und Blau (»Kurz und Strache«) werden das Problem nicht lösen, da sie EU-Gesetze ändern müssten. Das macht Kurz nicht. Er will keine Konfrontation mit Brüssel. Deshalb schweigt der Kanzler. Und Strache – der gerne Vizekanzler bleiben will – verspricht den Wählern harte Maßnahmen, die er gar nicht umsetzen kann.

Wie sagte Henryk Broder: »Und jetzt warten wir ab, bis einer kommt und ausrechnet, dass die Wahrscheinlichkeit, bei einer Messerattacke tödlich verletzt zu werden, viel geringer ist als die, bei einem Verkehrsunfall ums Leben zu kommen.«

ERSCHIENEN AM 25.3.2018

»DER SENDER IST TOT«

86% der Österreicher wollen die ORF-Zwangsgebühren abschaffen. 56% halten die Behauptung, der ORF würde »Lügen verbreiten« zumindest für gerechtfertigt. Die Umfrage zeigt deutlich: Die Zeit des zwangsfinanzierten Staatsrundfunks ist vorbei.

Der ORF erhält jedes Jahr 640 Millionen Euro aus Zwangsgebühren. Er steht weitgehend unter dem Einfluss von Parteien, Funktionären und deren Günstlingen. Er ist überdimensioniert, überbezahlt, überschätzt und überlebt. »In Österreich hat der Parteienfilz eine barocke Kultur entwickelt«, sagte der ehemalige ZDF-Chefredakteur Nikolaus Brender über den ORF. Und dafür sollen wir alle teuer bezahlen. Jeder, der einen Fernseher, internetfähigen Computer oder ein Radio besitzt, muss Zwangsgebühren abführen – auch wenn er die Geräte nicht benützt oder ORF-Programme weder hören noch sehen will.

Die oft einseitige Berichterstattung und der politisch-korrekte Erziehungsjournalismus sind legendär: Man denke etwa an Jörg Haiders Volksbegehren »Österreich zuerst«. Die damalige Chefin des ORF-Gesellschaft-, Jugend- und Familienprogramms war töricht genug, schriftlich festzuhalten: »Dem Volksbegehren ist in allen Sendungen unauffällig entgegenzuarbeiten.« Ein weiterer Höhepunkt war die ORF-Berichterstattung zur Flüchtlingskrise, als man versuchte, die schweren Verbrechen der Kölner Silvesternacht herunterzuspielen. Zur Erinnerung: Ein Mob von 1.000 Migranten und Asylanten aus dem nordafrikanisch-arabischen Kulturkreis hatte Frauen vergewaltigt, beraubt, sexuell genötigt und Jagd auf sie gemacht. Es gab 1.054 Strafanzeigen, 1.276 Opfer, fünf Anzeigen wegen vollendeter Vergewaltigung und 13 Anzeigen wegen versuchter Vergewaltigung, dutzendfachen Raub und über 400 Fälle sexueller Nötigung. Die »Zeit im Bild«-Moderatorin nannte dies (verharmlosend): »Übergriffe in der Silvesternacht, in der Frauen vor allem von Asylwerbern belästigt und bestohlen wurden.« Und zuletzt musste sich der ORF beim Tiroler FPÖ-Kandidaten Markus Abwerzger entschuldigen, weil man in einem Fernsehbericht zur Tirol-Wahl den falschen Eindruck erweckt hatte, Abwerzger hätte zu antisemitischen Äußerungen eines Passanten zustimmend genickt. In Wahrheit hatte der Politiker mit dem Satz: »Das soll man nicht sagen!« reagiert. Doch die Reaktion Abwerzgers hatte der ORF nicht gesendet – angeblich aus »Zeitknappheit«.

Die Dreistigkeit ist enorm. Nicht selten erkennt man bereits am Gesichtsausdruck eines ORF-Nachrichtensprechers dessen politische Gesinnung. Der Chefredakteur der Weltwoche brachte es auf den Punkt: »Sobald der Staat seine Hand im Spiel hat, sind die Journalisten nicht mehr in der Lage, ihre wichtigste Aufgabe wahrzunehmen, also unabhängig und kritisch zu berichten.«

Die Bürger haben den ORF zu Recht satt. Sie brauchen keine Erziehungsanstalt. Vizekanzler Strache will nun den ORF nicht mehr über Zwangsgebühren, sondern aus dem Budget der Regierung finanzieren. Das ist der völlig falsche

Weg! Denn so wird die türkis-blaue Regierung plötzlich zum Geldgeber des ORF und der Filz noch ärger (»Kickl-TV«).

Der ORF muss sich freiem Wettbewerb stellen. Kein weiteres Steuergeld – die Zwangsgebühren müssen massiv gesenkt werden. Denn wie urteilte BBC-Chef Tim Weber über den verfilzten Staatsfunk: »Der Sender ist tot.«

INTERVIEW, ERSCHIENEN AM 1.4.2018

»WENN JE DAS GÖTTLICHE AUF ERDEN ERSCHIEN, SO WAR ES IN DER PERSON CHRISTI.«

Tassilo Wallentin im Gespräch mit dem Theologen und Mediziner Prof. Johannes Huber über sein neues Buch »Baupläne der Schöpfung«.

Tassilo Wallentin: Sie sind ein international renommierter Wissenschaftler und Arzt. Warum beschäftigen Sie sich mit Theologie? Heute meint man doch, Wissenschaft und Glaube seien nicht miteinander vereinbar.

Prof. Huber: Es ist Kardinal König zu verdanken, dass ich mich dafür interessiere. Sein Anliegen war es immer, Wissenschaft und Religion unter einen Hut zu bringen und die beiden nicht als Gegner zu sehen, sondern als zwei Größen, die sich friedlich gegenüberstehen. Er hat deswegen immer an den Treffen der Nobelpreisträger teilgenommen und war mit vielen Wissenschaftlern in Kontakt. Gott kann von der Wissenschaft nicht bewiesen werden. Er hat es auch gar nicht nötig, wenn es ihn gibt, dass Menschen ihn beweisen. Aber das, was man dann glaubt, soll auch angesichts wissenschaftlicher Erkenntnisse vernünftig und nicht unvernünftig sein. In der Weise hat sich auch Papst Benedikt geäußert. Das ist auch mein Anliegen.

Wallentin: Physik-Nobelpreisträger Heisenberg sagte: »Der erste Schluck aus dem Becher der Wissenschaften macht atheistisch. Wer den Becher aber zu Ende leert, sieht, dass auf dessen Grund Gott wohnt.« Kann man das so verstehen?

Huber: Das ist sehr treffend und von einer hohen Autorität gesagt. Natürlich kann man es nicht beweisen, aber wenn man die Dinge durchschaut und die Gesetzmäßigkeit kennt, liegt der Gedanke nahe, dass es hinter der enormen Ordnung der Physik einen Architekten gibt – einen Schöpfer und nicht puren Zufall.

Wallentin: Es ist Ostern. In der Bibel heißt es, die Jünger hätten das Grab Jesu leer vorgefunden. Sie sahen zwei Engel, die sagten: »Was sucht ihr den Lebenden bei den Toten?« Die Engel werden mit leuchtend weißen Gewändern bzw. als Lichtgestalten beschrieben. Nach Nahtoderfahrungen schildern Menschen »das Jenseits« exakt so: leuchtend weiße Lichtgestalten. Müssen wir die Bibel wörtlicher nehmen, als wir denken?

Huber: Prof. Thirring – er war Schüler Einsteins und Mitautor dieses Buches – hat immer gesagt: »Der Tod ist nichts anderes als eine Gütertrennung.« Ein Teil wird entsorgt, und der andere Teil kehrt dorthin zurück, wo er war, bevor er in den Körper gekommen ist. Unser Hintergrund ist laut Einstein gebündelte Energie. Daher ist Thirrings These physikalisch vorstellbar.

Wallentin: Sie schreiben in Ihrem Buch, dass das »Christentum die an Reflexion tiefste Religion ist«. Sehen Sie es wie Goethe, der sich mit allen Religionen befasste, am Ende aber sagte: »Wenn je das Göttliche auf Erden erschien, so war es in der Person Christi.«

Huber: Ja. Sollte die ethische Strahlkraft des Christentums verblassen, dann werden die Katastrophen der Menschheit ärger als je zuvor. Gerade wir Europäer verdanken dem Christentum extrem viel. Es ist ein Jammer, dass die Regierenden der EU das nicht sehen, weil sie historisch nicht kompetent genug sind.

Wallentin: Das klingt nach Heinrich Böll: »Ich lebe lieber in der schlechtesten aller christlichen Welten als in der besten heidnischen.«

Huber: Das ist so. Gerade wenn Sie sich die beiden menschenverachtenden und menschentötenden Systeme des 20. Jahrhunderts ansehen. Die Inquisition hat bei Weitem nicht so viele Menschen umgebracht wie Mao in zwei Tagen.

Wallentin: Was bedeutet das Verschwinden der christlichen Werte in Europa? Wird die Gesellschaft freier oder bodenlos?

Huber: Sie wird bodenlos. Die Sekundärtugenden der Menschen, die Zehn Gebote, haben unsere Gesellschaft immer zusammengehalten. Wenn wir auch das aufgeben, dann gehen wir in ein Chaos hinein. Die Konzeptionisten sind schon am Werk. Sie wollen eine Gesellschaft gründen, in der alles erlaubt ist, was Spaß macht. Das ist der große Antipode. Das ist die Konzeption quasi des Antichristen, die von manchen unserer Zeitgenossen bereits vorgedacht und vorbereitet wird.

Wallentin: Sie schreiben in Ihrem Buch, dass der heutigen Amtskirche das Vokabular fehlt. Vor Kurzem wurde die Bibel gegendert, manche sagen »neu übersetzt«. Ist das nicht ein Versuch – oder hilfloser Versuch –, sich dem Vokabular des Zeitgeistes anzudienen?

Huber: Er ist ein mehr als hilfloser Versuch. Denn damit trifft man nicht die Aktualität der Botschaft, die in der Bergpredigt zusammengefasst ist und die nach wie vor eine große Anziehungskraft hätte, wenn man sie richtig vermittelt. Die Kirchenvertreter müssen fähig sein, Opfer und Beschimpfungen auf sich zu nehmen, um ihren Standpunkt darzustellen. Ich habe mit Bischof Krenn in vielen Dingen nicht übereingestimmt, aber eines muss man ihm lassen: Er war authentisch. Er hat das wirklich mit Überzeugung vertreten. Auch von den derzeitigen Kirchenvertretern muss man verlangen, dass sie nicht vor Hedonismus und Opportunismus unserer Gesellschaft in die Knie gehen, sondern ihren Mann stehen. Aber da muss man als Bischof eben auch ein Mann sein.

Wallentin: Sie sind der Erforscher der Epigenetik. Kurz gesagt: Die Gene sind nicht starr und unveränderlich, sondern passen sich unserem Leben an. Nietzsche forderte: »Lebe gefährlich.« Hatte er damit recht – soll man seine Eigenschaften bis zum Exzess leben, weil man sich so selbst erfinden kann?

Huber: Unsere Gene sind in der Lage, Emotionen und Erlebnisse zu speichern und diese Speicherung den Kindern weiterzugeben. Sie sind – um auf das Nietzsche-Zitat einzugehen – ein Archiv. Das, was wir in unserem Leben erleben, können wir unseren Kindern weitervererben. Liebe lässt sich vererben, aber auch das Gegenteil. Das ist gefährlich und hoffnungsreich zugleich. Die Prägung in entscheidenden Lebensphasen begleitet uns ein ganzes Leben, im Schlechten wie im Guten. Wenn man geprägt wurde, Frauen nicht auf Augenhöhe zu akzeptieren, dann tut man sich später im Rahmen eines Integrationsunterrichtes sehr schwer, in die richtige Richtung gezogen zu werden.

Wallentin: Sie schreiben in Ihrem Buch, jeder Mensch trage die Neigung zum Guten in sich. Das erinnert an den Evangelisten Lukas: »Gott wohnt in jedem Menschen.«

Huber: Man weiß von Kindern, dass sie unabhängig davon, in welchem Erdteil sie aufgewachsen sind, intuitiv wissen, was man dem anderen tun und was man dem anderen nicht antun darf. Und deswegen bin ich persönlich der Überzeugung, dass das ethische Gewissen angelegt, aber dann natürlich noch verformt, zerschlagen oder verfeinert werden kann. Aber angelegt ist es sicher.

Wallentin: Sie schreiben, dass der Leistungsgedanke in der christlich-abendländischen Tradition tief verankert ist; ebenso Werte wie Solidarität, Uneigennützigkeit und Rücksichtnahme auf Schwache. Werden mit dem Zerfall des Christentums auch diese Werte verschwinden?

Huber: Davon bin ich überzeugt. Das war auch die Meinung von Gesine Schwan, die Präsidentschaftskandidatin in Deutschland war und die Auffassung vertrat, wenn diese Werte verschwinden, dann braucht man immer mehr Juristen, weil der Handschlag nicht mehr gilt.

Wallentin: Tacitus sagte: »Im verdorbensten Staat gibt es die meisten Gesetze.«

Huber: Ja. Weil die Verkommenen, die keine Tugend kennen, mehr Gesetze brauchen. Das erinnert irgendwie an die Jetztzeit.

Wallentin: Einstein kannte die Grenze der Wissenschaft. Er verwendete oft das Wort »spooky« (gespenstisch). Wir können nur ein Prozent der Dinge sehen, die uns umgeben: Ist es nicht reichlich naiv zu sagen: Ich glaube nur, dass was ich sehen, hören oder wiegen kann?

Huber: Das ist die Auffassung der Wissensgockel auch an den Universitäten, für die nur gilt, was sie beweisen können. Die Briten sagen: »Absence of evidence is not evidence of absence.« Übersetzt bedeutet das: Es gibt so viele Dinge, die existieren, sich aber unserem Verstand entziehen. Alleine die Tatsache, dass es bei der Lichtgeschwindigkeit keine Zeit mehr gibt. Wie sollen wir das begreifen? Das übersteigt unseren Horizont. Es gibt noch viele andere Beispiele, die den rechtfertigen, der in seiner Sinnfindung an transzendente Inhalte glaubt. Es gibt so vieles, was wir nicht begreifen, das trotzdem existiert, und deswegen ist es intellektuell redlich, wenn ein Mensch dort einen Schöpfer annimmt.

ERSCHIENEN AM 8.4.2018

EIN UNUMKEHRBARER SCHADEN FÜR ÖSTERREICH

Unsere Regierung will noch vor dem Sommer CETA im Parlament beschließen lassen. Die Abgeordneten von ÖVP und FPÖ wollen allen Ernstes mit »JA« dafür stimmen, dass multinationale Konzerne Österreich vor privaten Schiedsgerichten auf Zahlungen in Milliardenhöhe verklagen können.

Kanzler Kurz und Vizekanzler Strache wollen noch vor dem Sommer das umstrittene Freihandelsabkommen CETA im Parlament beschließen lassen. Die türkis-blaue Regierung will Kommissionspräsident Juncker dieses Geschenk machen, noch bevor Österreich am 1.7.2018 für sechs Monate routinemäßig den Vorsitz im EU-Rat übernimmt.

Die Sache ist einer der größten Skandale der Republik: Bundeskanzler Kern hat CETA zwar unterschrieben. Aber die gefürchtetsten Teile des Abkommens – Konzernklagen und Schiedsgerichte – gelten für Österreich nur, wenn das österreichische Parlament zustimmt. Ohne Zustimmung unserer Abgeordneten keine Konzernklagen und Schiedsgerichte. Mit anderen Worten: CETA gilt trotz der Unterschrift Kerns nur lückenhaft. Ohne Zustimmung unseres Parlaments kann kein Konzern Österreich vor privaten Schiedsgerichten auf Milliardenzahlungen klagen! Die ÖVP- und FPÖ-Abgeordneten wollen Konzern-Multis diese Zustimmung nun erteilen! Kurz und Strache setzen damit Österreich für immer ungeahnten Haftungen vor Schiedsgerichten aus und entmachten das Parlament zugunsten mächtiger Wirtschaftslobbys.

Zum Verständnis: CETA ist nicht bloß ein Handelsabkommen. Der Handel zwischen der EU und Kanada funktioniert auch so ganz gut. CETA garantiert Konzernen, ungehemmt in Österreich Profit zu machen! Wenn österreichische Gesetze oder Behörden beim Profitmachen stören, drohen Schadenersatzklagen: Atomkraftwerksbetreiber könnten unser Land klagen, weil sie keine Atomkraftwerke bei uns bauen dürfen. Lebensmittelkonzerne könnten Schadenersatz fordern, weil sie kein Hormonfleisch in Österreich vertreiben dürfen. Tabakkonzerne könnten unser Land verklagen, weil sie wegen des Rauchverbots für unter 18-Jährige weniger Zigaretten verkaufen. Investoren könnten Entschädigung fordern, weil unsere Regierung die Mindestlöhne von Arbeitern angehoben hat und ihnen österreichische Arbeitskräfte nun zu teuer sind.

Es hat sich mittlerweile eine ganze Industrie darauf spezialisiert, Staaten wie Österreich vor Schiedsgerichte zu zerren und zur Kasse zu bitten. Derzeit sind Prozesse mit einem Gesamtstreitwert von 14 Milliarden Dollar anhängig. Es wurden bereits mehr als 400 Millionen Euro Steuergelder an Konzerne bezahlt.

81% der Österreicher lehnen CETA ab. Die türkis-blauen Abgeordneten wollen Konzernklagen und Schiedsgerichte trotzdem beschließen. Spätere Wahlen oder Proteste könnten diesen Beschluss nicht mehr rückgängig machen. Der Schaden für Österreich wäre unumkehrbar.

Joseph Stiglitz – Nobelpreisträger, Professor an der US-Elite-Universität Columbia und ehemaliger Chefökonom der Weltbank – nennt Abkommen wie CETA »einen Schwindel«. »Sie bringen keinen freien Handel, sondern einen von den mächtigsten Wirtschaftslobbys gesteuerten Handel.« Stiglitz warnt eindrücklich davor, Konzernen das Recht zu geben, Staaten vor Schiedsgerichten zu verklagen, denn: »Die Parlamente werden entmachtet, die Preise für Verbraucher in die Höhe getrieben, und die Löhne und Standards sinken.«

ERSCHIENEN AM 15.4.2018

WAS WURDE AUS ...?

»Mehr direkte Demokratie und Selbstbestimmung statt CETA- und TTIP-Diktate!« – »Das Volk muss mit entscheiden können und darf nicht länger zum Bittsteller degradiert werden!« – »Verbotsgesetz für politischen Islam!« – »ORF-Zwangsgebühren abschaffen!« Nach 100 Tagen Türkis-Blau lohnt sich der Blick darauf, was aus den Versprechen der Regierungsparteien geworden ist.

Was ist mit den dringendsten Anliegen der Österreicher? 81% sagen »Nein« zu CETA. 70% wollen direkte Demokratie. 80% fordern eine strengere Kontrolle von Moscheen. 86% wollen die Abschaffung der ORF-Zwangsgebühren.

»Selbstbestimmung statt CETA- und TTIP-Diktate!« Noch vor dem Sommer wird die türkis-blaue Regierung im Parlament CETA beschließen lassen. Bundeskanzler Kern hat das Abkommen zwar unterschrieben. Aber die schlimmsten Bestimmungen von CETA gelten nur, wenn ÖVP und FPÖ im Parlament dem Abkommen zustimmen. Und genau das wollen die türkis-blauen Abgeordneten tun. Sie werden vor dem Sommer mit »JA« dafür stimmen, dass multinationale Konzerne Österreich für immer vor Schiedsgerichten auf Zahlungen in Milliardenhöhe verklagen können. Die Regierung Kurz–Strache will laut Regierungsabkommen auch TTIP ohne Wenn und Aber unterschreiben.

»Mehr direkte Demokratie – Das Volk muss mit entscheiden können und darf nicht länger zum Bittsteller degradiert werden!« Wir dürfen nicht einmal über das Rauchverbot abstimmen, wenn es Vizekanzler Strache nicht passt. Verbindliche Volksabstimmungen soll es frühestens 2022 geben. Und auch das nur, wenn zuvor ein Volksbegehren mindestens 900.000 Unterschriften erreicht hat. Das ist erst bei zwei von 39 Volksbegehren gelungen! Der größte Witz ist aber: Selbst wenn es 900.000 Unterstützer gibt, dürfen die Bürger trotzdem über nichts abstimmen. Denn Volksabstimmungen, die »im Widerspruch zu Europarecht« stehen, hat die Regierung verboten. Im Klartext: 90% unserer Gesetze werden in Brüssel gemacht. Wir dürfen also nicht abstimmen über: CETA, TTIP, offene Grenzen, Asylrecht, Banken-Rettungen, Bargeld-Abschaffung oder Umverteilung unseres Volksvermögens hin zu Pleitestaaten.

»Verbotsgesetz für politischen Islam!« Es wird kein Verbotsgesetz gegen radikalen Islamismus geben. Es leben 300 islamistische »Gefährder« in Österreich. Das sind Personen, denen die Polizei jederzeit terroristische Anschläge zutraut. Gegen sie gibt es auch weiterhin keine rechtliche Handhabe! Es gibt Dutzende Gebetsräume und Moscheen, die von Radikalen geführt werden. Dschihadisten haben Bleiberechte in Österreich und werden nicht abgeschoben. Laut Jugendstudie stellt bereits jeder dritte Muslim die Religion über das Gesetz. Bei 47% der Jung-Muslimen spielt Feindseligkeit gegen Schwule und Juden eine sehr große Rolle. 25% der Jugendlichen haben Sympathien für den heiligen Krieg.

»ORF-Zwangsgebühren abschaffen!« Die Regierung wird die ORF-Zwangsgebühren nicht abschaffen. Auch wenn 86% der Österreicher die Abschaffung wollen. Der

ORF erhält weiter jährlich 630 Millionen Euro allein aus Zwangsgebühren. Wie erklärt FPÖ-Mediensprecher Jenewein den Wählern diesen Umfaller: »Sie werden zugestehen, dass man in einer Oppositionsrolle in gewisser Weise anders politisch agiert als in einer Regierung.«

ERSCHIENEN AM 22.4.2018

AUF DEM WEG ZUM GROSSEN KRIEG

Der Westen war in den letzten 55 Jahren noch nie so nahe an einem Krieg mit Russland wie heute. Washington und London treiben die Eskalation immer weiter voran. Für die EU ist das ein brandgefährliches Spiel: Denn zur militärischen Konfrontation kommt es in Europa.

Was sich in den letzten Wochen in Bezug auf Russland abgespielt hat, kann man als Kriegshetze bezeichnen. Während die USA und Großbritannien vor dem Irak-Krieg noch das Märchen von angeblichen Massenvernichtungswaffen erfunden hatten, um die Welt in einen Krieg zu lügen, begnügte man sich jetzt mit einem viel plumperen Vorwurf: Präsident Putin soll einen Giftanschlag auf den ehemaligen Doppelagenten Sergej Skripal und dessen Tochter Julia in London angeordnet haben.

Auf diesen völlig unbewiesenen Vorwurf hin folgte eine seit der Kuba-Krise 1962 beispiellose Eskalation: Es kam zur Massenausweisung von 150 russischen Diplomaten aus 26 zumeist EU-Ländern, die alle ihre Solidarität mit dem Doppelagenten bekundeten. Verteidigungsminister Williamson nannte Putin »bösartig«. Die USA und Großbritannien führten in Syrien sogar einen Militärschlag aus, um dem Assad-freundlichen Russland in diesem Stellvertreterkrieg die Grenzen aufzuzeigen. Frankreich, Deutschland, die Vereinigten Staaten und England nannten den Giftanschlag »die erste offensive Verwendung von Nervenkampfstoffen in Europa seit dem 2. Weltkrieg«. Es gebe »keine andere alternative glaubwürdige Erklärung als die Verantwortung Russlands«.

Alle Mainstream-Medien übernahmen diese Sicht der Dinge. Dabei könnte die Geschichte rund um den Giftanschlag auf den zwielichtigen Doppelagenten Skripal kaum lausiger sein. Hier die Fakten:

- Skripal saß jahrelang als verurteilter Spion in einem russischen Gefängnis – und wurde dort nicht umgebracht.
- Der russische Präsident begnadigte Skripal sogar. Der Spion konnte mit seiner Familie nach England ausreisen – und wurde (wieder) nicht umgebracht.
- Skripal lebt fröhlich unter seinem wirklichen Namen in London. Einer der gefährlichsten Geheimdienste der Welt – der russische – ist acht Jahre lang offenbar nicht in der Lage, Skripal umzubringen.
- Plötzlich soll Präsident Putin persönlich auf die teuflische Idee gekommen sein, der Tochter von Skripal Gift in den Reisekoffer unterzujubeln. Dies in der Hoffnung, dass Skripal seiner Tochter beim Kofferauspacken hilft und dabei irgendwie mit dem Gift in Berührung kommt und endlich stirbt.
- Putin war angeblich so dumm, dass er viel zu wenig Gift in den Koffer packen lässt. Die Menge ist nicht tödlich. Skripal stirbt nicht.
- Putin war angeblich auch so dumm, Gift zu verwenden, das es wirklich nur in Russland gibt – damit auch der Dümmste weiß: »Hinter dem Anschlag können nur die Russen stecken.«

- Putin war angeblich sogar so dumm, dass er all das 14 Tage vor der russischen Präsidenten-Wahl macht, in der er als haushoher Favorit galt.
- Und Putin war angeblich so dumm, den Giftanschlag ausgerechnet wenige Wochen vor der Fußball-WM zu verüben, die heuer in Russland ausgetragen wird. Er riskiert, dass zahlreiche Länder und die FIFA die prestigeträchtigen Spiele boykottieren. Das alles wegen Skripal.

Allen EU-Ländern, die bereitwillig »mitzündeln«, damit aus dem kalten Krieg ein »heißer« wird, sei gesagt: Die »Berliner Zeitung« enthüllte ein Geheimabkommen zwischen den USA und Russland aus dem Jahr 1952: Falls es zu einem Krieg zwischen beiden Großmächten kommt, dann soll dieser in Europa ausgetragen werden. In den USA und in Russland wird keine Fensterscheibe kaputtgehen.

ERSCHIENEN AM 29.4.2018

EINE REGIERUNG OHNE OPPOSITION

Die Grünen verlieren jede Landtagswahl. Als abgehobene Verbots-, Besserwisser- und Multikulti-Partei sind sie aus dem Parlament geflogen. Dabei wäre grüne Opposition, die gegen CETA und für direkte Demokratie, Umwelt- und Tierschutz kämpft, wichtiger denn je. Denn dafür gibt es in der Regierung keine Stimme!

Die Grünen haben in Serie jede Landtagswahl verloren. Als abgehobene Verbots-, Besserwisser- und Multikulti-Partei stehen sie fast nur mehr für Genderwahn, Sprachpolizei und politisch-korrektes Gutmenschentum. Sie ignorieren regelmäßig demokratische Mehrheiten bei Bürgerbefragungen und befürworten (in Wien) die rücksichtslose Verbauung von Kulturdenkmälern. Während andere Länder wegen der Flüchtlingskrise bereits den nationalen Notstand ausgerufen haben, ist es bei den Grünen weiterhin schick, für grenzenlose Immigration zu sein. Jede kritische Einstellung zur schrankenlosen Massenzuwanderung finden sie rassistisch oder »bildungsfern«. Grüne Abgeordnete verdienen mehrere Tausend Euro pro Monat. Die Lebenswirklichkeit von Menschen, die nicht das Geld haben, um in Altbauwohnungen zu wohnen oder ihre Kinder auf teure Waldorf-Schulen zu schicken, interessiert sie nicht. Und am Elend der Welt ist für sie immer der Westen schuld. Wer das in Frage stellt – oder schlimmer – wer das Binnen-I nicht verwendet, wird der gnadenlosen Inquisition der politischen Korrektheit unterworfen. Das ist Politik für jene, die es sich in der Seifenblase der Privilegien sehr bequem eingerichtet haben. Und dafür wurden die Grünen zu Recht abgestraft.

Dabei bräuchte unser Land eine Opposition, die gegen CETA und für direkte Demokratie, Arbeitnehmer-, Umwelt- und Tierschutz kämpft, dringender denn je. Denn für all das gibt es in der ÖVP-FPÖ-Regierung keine Stimme:

- Die türkis-blauen Abgeordneten wollen im Parlament CETA und TTIP beschließen, obwohl 83% der Bürger dagegen sind.
- 90% unserer Gesetze werden in Brüssel gemacht – aber laut Regierungsprogramm dürfen wir über kein einziges dieser Gesetze eine Volksabstimmung abhalten! ÖVP und FPÖ haben damit die direkt-demokratische Bürgerbeteiligung faktisch ausgeschaltet.
- Kurz und Strache wollen sogar die Bundesverfassung ändern, um den Umwelt- und Tierschutz auszuheben.
- Die Beteiligung von Arbeitnehmern am Unternehmensgewinn ist im Regierungsprogramm nicht vorgesehen.
- Ein Verbotsgesetz gegen radikalen Islamismus kommt trotz wachsender Terrorgefahr nicht.
- Eine echte Verwaltungsreform wird es nie geben (Reform-Minister Moser hat deshalb schon seinen Rücktritt angedroht).
- Zwangsmitgliedschaft und Kammerfilz bleiben unangetastet.

Noch nie in der II. Republik war das Parlament so schwach.

Noch nie war die Opposition so klein. Sebastian Kurz ist der erste Bundeskanzler, der nicht einmal mehr parlamentarische Anfragen beantwortet und damit die Öffentlichkeit nur unvollständig informiert (wofür er vom mutigen ÖVP-Nationalratspräsidenten Sobotka zu Recht öffentlich gerügt wurde). Es zeigt sich eben: Demokratie braucht eine schlagkräftige Opposition als Korrektiv für die Regierung.

ERSCHIENEN AM 6.5.2018

EUROPAS WEG IN DEN SELBSTMORD

Die EU mischt sich jetzt in den Syrien-Krieg ein. Und zwar wegen eines angeblichen Giftgas-Angriffes, der vermutlich nie stattgefunden hat. Die EU-Außenbeauftragte Federica Mogherini fordert in einem außenpolitischen Amoklauf öffentlich den Sturz von Präsident Assad und droht Russland. Das ist Europas Weg in den Selbstmord.

Am 7. April meldeten Aktivisten der Organisation »Weißhelme« eine mutmaßliche Giftgas-Attacke in einer syrischen Kleinstadt. Es ist mehr als zweifelhaft, dass dieser Angriff überhaupt stattgefunden hat: Denn die »Weißhelme« sind eine vom britischen Geheimdienst gegründete und mit Radikal-Islamisten sympathisierende Truppe. Wie Prof. Günter Meyer, Leiter des »Zentrums für Forschung zur Arabischen Welt« an der Universität Mainz, sagt, ist es »Hauptziel der Weißhelme, solche Dinge zu inszenieren und propagandistisch gegen das Assad-Regime einzusetzen«.

Präsident Assad, der über starken Rückhalt in der Bevölkerung verfügt und den Großteil seines Staatsgebietes wieder fest in der Hand hält, hätte überhaupt keinen Grund gehabt, aus heiterem Himmel 40 Zivilisten ausgerechnet mit Giftgas zu töten und damit einen Militärschlag der Westmächte zu provozieren. Wie auch immer: Die völlig unbewiesene Behauptung der »Weißhelme« lieferte den USA, Großbritannien und Frankreich den willkommenen Grund, das von Russland unterstützte Syrien mit mehr als 100 Marschflugkörpern zu bombardieren.

Für Europa ist das brandgefährlich – und zwar aus folgendem Grund: Assad führt einen brutalen Krieg gegen seine Feinde im eigenem Land. Daran besteht kein Zweifel. Aber seine Feinde sind keine »Rebellen« – zumindest nicht im klassischen Sinn –, und am allerwenigsten sind sie »Demokraten«. Es sind radikale Islamisten und IS-Anhänger, die aus ganz Syrien ein »Islamisches Emirat« machen wollen. Die Westmächte unterstützen diese Gruppen, weil sie fürchten, dass unter Präsident Assad der Einfluss der Russen in Syrien zu groß werden könnte. Der saudische Kronprinz Mohammed bin Salman bestätigte dies vor drei Wochen in einem Interview mit der Washington Post: »Es gibt die Forderung unserer Verbündeten (Westmächte), dass wir uns für die Schaffung von Koranschulen, Moscheen und für die Propaganda des Wahhabismus (= radikalste Form des Islamismus) in der islamischen Welt engagieren und dafür unsere finanziellen Mittel einsetzen … um die Sowjetunion (jetzt: Russland) daran zu hindern, ihren Einfluss in der islamischen Welt zu stabilisieren.«

Mit einem Wort: Um den Einfluss der Russen in der Region zurückzudrängen, nimmt der Westen den Sturz von Assad und die Machtergreifung durch radikale Islamisten in Kauf. Dieser gefährlichen Politik hat sich nun auch die EU-Außenbeauftragte Mogherini verschrieben. Sie fordert öffentlich den Sturz Assads und warnt Russland vor Interventionen in der Region. Frau Mogherini ist offensichtlich ahnungslos oder dumm – oder beides: Denn nach Assads Sturz kommt es sofort zur Machtergreifung durch den IS (und einem Massaker an bis zu zwei Millionen Christen). Für die EU bedeutet das immense Terror-Gefahr und gewaltige Flüchtlingsströme. Den USA ist das egal, denn das Flüchtlings-Chaos traf ja schon bisher nur die dummen Europäer.

Syrien droht das Schicksal Libyens. Dessen ermordeter Machthaber Gaddafi hatte der EU schon 2011 prophezeit: »Wenn ihr mich bedrängt und destabilisieren wollt, ... wird sich Folgendes ereignen. Ihr werdet von einer Immigrationswelle aus Afrika überschwemmt werden, die von Libyen aus nach Europa überschwappt. Es wird niemand mehr da sein, um sie aufzuhalten.«

ERSCHIENEN AM 20.5.2018

VORABEND ZUM WELTENBRAND

Im Nahen und Mittleren Osten droht eine Kettenreaktion, die zum Dritten Weltkrieg führen kann. 60% der US-Amerikaner befürworten einen Atombombenabwurf auf den Iran mit bis zu zwei Millionen iranischen Todesopfern. Nach dem einseitigen Ausstieg der USA aus dem Atomvertrag mit dem Iran und der darauffolgenden Bombardierung iranischer Stellungen durch Israel haben sich nun Russland und China auf die Seite Teherans gestellt.

Der gesamte Orient bewegt sich auf einen Zustand der Anarchie und des völligen Chaos hin: der Irak, Syrien, Libyen, Ägypten und Afghanistan, um nur einige Beispiele zu nennen. Der Iran ist noch das stabilste Land. Er wäre eigentlich der ideale Partner des Westens am Persischen Golf. Viel idealer als die heutigen westlichen Verbündeten; die ultra-reaktionären Öl-Monarchien – Saudi-Arabien, Katar und Vereinigte Emirate –, die Menschenrechte mit Füßen treten und geistige Wiege des IS-Terrors sind, der Europa mit Anschlägen überzieht. Im Iran herrschte bis vor Kurzem auch keine anti-amerikanische oder anti-westliche Grundstimmung. Mit dem Abschluss des Wiener Atomvertrages verpflichteten sich die Iranis sogar, ihr Nuklearprogramm herunterzufahren. Der oberste geistige und politische Führer des Landes, Ayatollah Ali Chamenei, soll eine »Fatwa« – also die höchste religiöse Entscheidung – getroffen haben, die iranische Atombombe nicht zu bauen, da dies »unislamisch ist.«

Doch seit Monaten läuft in den USA eine wahre Medien-Orgel auf Hochtouren, um den Iran als »Quelle des Bösen« zu brandmarken und die Amerikaner auf einen neuen Krieg einzuschwören. Israels Ministerpräsident Netanjahu fordert seit Jahren einen militärischen Präventivschlag. Aber bislang war ein israelischer Angriff auf den Iran ohne Unterstützung der USA völlig abwegig. Der CIA und das Pentagon rieten den Israelis dringend von einem Krieg ab. Denn die militärische Stärke des Iran ist erheblich. Selbst die USA können keinen konventionellen Krieg mehr gegen die Iranis führen. Die US-Präsidenten Bush senior, Bush junior und Obama übten daher erheblichen Druck auf Israel aus, die Siedlungspolitik aufzugeben.

Doch unter Donald Trump ist alles anders. Statt die Situation zu beruhigen, dämonisiert er den Iran systematisch in den Medien. Und das monatelange mediale Trommelfeuer hat gewirkt: Laut einer Studie der US-Elite-Universität Stanford befürworten bereits 60% der Amerikaner den Einsatz von Atomwaffen gegen die Zivilbevölkerung des Iran mit bis zu zwei Millionen Todesopfern!

Durch solche Umfragen gestärkt, hat Trump den Atomvertrag mit dem Iran nun im Alleingang aufgekündigt, oder besser gesagt »zerrissen«. Israel hat die klare Botschaft des US-Präsidenten verstanden und daraufhin iranische Stellungen in Syrien bombardiert. Auch die westlichen Verbündeten in der Region – die sunnitischen Saudis – heizen den Krieg immer stärker an, weil sie verhindern wollen, dass der schiitische Iran zur beherrschenden Macht am Persischen Golf wird und über den Irak, Syrien und den Libanon eine durchgehende schiitische Staatenkette von Afghanistan bis zum Mittelmeer errichtet.

Sie alle haben aber nicht mit Russland und China gerechnet. Beide Großmächte wollen eine Neuordnung am Persischen Golf durch die USA und ihre Nato-Verbündeten (Deutschland, Frankreich, Großbritannien) verhindern und haben sich an die Seite des Iran gestellt. Diese Bündnispolitik könnte zu einem neuen Weltenbrand führen. Die Situation erinnert unheilvoll an den Vorabend des Ersten Weltkriegs.

ERSCHIENEN AM 3.6.2018

»DER KRANKE MANN AM BOSPORUS«

Um seine schwindende Macht zu stützen, forderte der türkische Präsident Recep Erdogan alle in Europa lebenden Türken auf: »Macht nicht drei, sondern fünf Kinder!« Nun – ein Jahr nach seinem sprichwörtlichen »Karnickel-Apell«[1] – schnorrt Erdogan alle in Europa lebenden Türken an: »Meine Brüder, können diejenigen von euch, die Euro und Dollar unter ihren Kopfkissen haben, dieses Geld bitte in türkische Lira investieren?«

Auch wenn er die eilig vorgezogenen Präsidentschaftswahlen in der Türkei am 24. Juni mangels Opposition gewinnen sollte: Recep Erdogan ist nicht mehr ernst zu nehmen. Seine »Macht« stützt sich nur noch auf die ländlichen Massen Anatoliens; zumeist Analphabeten, die der Re-Islamisierung der Türkei positiv gegenüberstehen. Die Wirtschaft befindet sich in freiem Fall. Das weltweite Image des türkischen Präsidenten ist unwiderruflich beschädigt.

Dabei ist es Erdogan anfangs sehr gut gelungen, Juncker, Merkel & Co an der Nase herumzuführen. Brüssel hat ihn sogar mit der Sicherung der EU-Außengrenze beauftragt. Der berühmte »Flüchtlings-Deal« ist weiter in Kraft und lautet: Erdogan hält Flüchtlinge in türkischen Lagern fest, damit sie nicht in die EU weiterreisen. Und zum Dank da-

---

1 Klarstellend wird festgehalten, dass natürlich keine Menschen als »Karnickel« bezeichnet werden, sondern auf die umgangssprachlich-scherzhafte Redewendung angespielt wird.

für erhält er jedes Jahr drei Milliarden Euro aus EU-Steuergeldern. Weiterhin versprochen sind ihm noch Visa-Freiheit für 80 Millionen Türken und der rasche EU-Beitritt. Das wäre Europas sicheres Ende. Denn der EU-Beitritt der Türkei ist purer Wahnsinn: Türkische Abgeordnete würden einen großen Teil der Sitze im EU-Parlament erhalten, weil ihr Land schon bald das mit Abstand bevölkerungsreichste der EU sein würde. Es käme zu millionenfacher Einwanderung und enormer wirtschaftlicher Belastung für die EU. An Integration wäre nicht zu denken – im Gegenteil: Es würden vermutlich überall in Europa türkische Parteien entstehen.

Aber – zum Glück für uns alle – ist Erdogans Stern im Sinken. Sogar die Naivlinge in Brüssel und Berlin mussten sich von ihm abwenden: 2016 schäumte Erdogan, es habe einen äußerst gefährlichen Putschversuch gegen ihn gegeben. Ein paar Militärs hätten mit fünf Panzern und zwei Flugzeugen die Macht in dem 80-Millionen-Staat Türkei an sich reißen wollen. Es folgten Massenverhaftungen, Massenentlassungen, Zeitungsschließungen und ein »getürktes« Referendum zur Machtausweitung Erdogans: Stimmzettel und Umschläge ohne amtlichen Stempel wurden nachträglich für gültig erklärt. Dabei soll es sich um bis zu drei Millionen »zusätzliche Stimmen pro Erdogan« gehandelt haben. Danach kam es zu wirren Forderungen, skurrilen Aussagen und bizarren Auftritten: Nicht Columbus, sondern Muslime hätten Amerika entdeckt. Die Selbstmordrate in Europa sei so hoch, weil dort Gleichberechtigung zwischen Mann und Frau herrsche. Darwins Evolutionstheorie müsse aus türkischen Schulbüchern gestrichen werden. Frauen, die ihre

Augenbrauen zupfen oder ihre Haare von der Oberlippe entfernen, begingen eine Sünde. Überhaupt sollen sie in der Öffentlichkeit nicht mehr laut lachen. Und alle Auslandstürken sollen sich sprichwörtlich wie Karnickel vermehren: »Macht nicht drei, sondern fünf Kinder!«, forderte Erdogan. Nun – da der Totalabsturz der türkischen Lira droht –, schnorrt der Präsident die Auslandstürken sogar an: »Meine Brüder, können diejenigen von euch, die Euro und Dollar unter ihren Kopfkissen haben, dieses Geld bitte in türkische Lira investieren?«

Natürlich nicht für Erdogan – aber für eine Türkei diesen Zuschnitts hatte man im 19. Jahrhundert einen passenden Namen: »Der kranke Mann am Bosporus.«

ERSCHIENEN AM 10.6.2018

DIE VOGEL-STRAUSS-POLITIK

Eine neue, gewaltige Flüchtlingswelle aus Afrika und dem Nahen Osten rollt an. Es ist höchste Zeit, sich unbequemen Wahrheiten zu stellen.

In Afrika gibt es alle 100 Tage um sieben Millionen mehr Menschen. Würden wir eine Million Afrikaner bei uns aufnehmen, dann gliche das der Bevölkerungsüberschuss in 14 Tagen wieder aus! Allein in Nigeria kommen jedes Jahr mehr Kinder zur Welt als in ganz Europa. 1960 hatte Afrika 280 Millionen Einwohner – heute sind es bereits 1,2 Milliarden, und 2050 werden es 2,5 Milliarden sein. Bis zu 66%, also 790 Millionen Afrikaner wollen nach Europa oder in die USA – ein großer Teil von ihnen innerhalb der nächsten fünf Jahre. Diese Zahlen zeigen klar und deutlich: Das ist ein Dammbruch. Die offenen EU-Außengrenzen sind purer Wahnsinn. Man kann eine Bevölkerungsexplosion und Wirtschaftsflucht dieses Ausmaßes nicht dadurch bekämpfen, dass man alle Afrikaner über die Mittelmeer-Route in Italien einreisen, Asylanträge stellen und in den Norden Europas weiterreisen lässt.

Nirgendwo auf der Welt werden Sozialleistungen so großzügig verteilt wie in der EU. Der Norden Europas ist zum Magnet für millionenfache Zuwanderung auch aus dem Nahen Osten geworden. In 20 Jahren wird es 30–40% Muslime in Österreich geben; zumindest jeder dritte Wiener wird Moslem sein – falls die Zuwanderung unvermindert stark bleibt. Wir wären dann auf dem Weg zur muslimischen Mehrheitsgesellschaft. Auch bei kompletter Schließung der EU-Außengrenzen und »Null-Zuwanderung« wird sich der Anteil der Muslime in Österreich verdoppeln. Der Grund: Österreicher sind im Durchschnitt 41 Jahre alt – wohingegen muslimische Zuwanderer durchschnittlich um 13 Jahre jünger sind und eine höhere Geburtenrate haben.

Diese Völkerwanderung wird von einer gewaltigen »Asylindustrie« befeuert, die ein Milliardengeschäft macht. Die Steuerzahler finanzieren mittlerweile private Hilfsdienste, Unterkunftgeber, Security-Firmen, Kursanbieter, Bauunternehmer und Lobbyisten. NGOs werden zu Schattenregierungen. Die italienische Staatsanwaltschaft wirft einigen von ihnen direkte Zusammenarbeit mit Schleppern vor. Ideologisierende Journalisten, politisch-korrekte Medienschaffende und gutmenschelnde Politiker stellen jeden »ins rechte Eck«, der diese Zustände kritisiert.

Der kürzlich verstorbene Evolutionsbiologe und Verhaltensforscher Prof. Eibl-Eibesfeldt sagte in einem Interview mit dem deutschen »Focus« dazu Folgendes: »Wenn jemand den Grenzpfahl in Europa nur um zehn Meter verschieben würde, gäbe es furchtbaren Krach, aber die stille Landnahme über Immigration soll man dulden? Ich würde vorschlagen, dass sich Europa unter Einbeziehung Osteuropas großräumig abschottet und die Armutsländer der Dritten Welt durch Hilfen allmählich im Niveau hebt. Man kann gegen eine Bevölkerungsexplosion in diesem Ausmaß sonst nichts tun, bestenfalls das Problem importieren, wenn man dumm ist.«

INTERVIEW, ERSCHIENEN AM 17.6.2018

ÖSTERREICH TRIFFT ES DOPPELT STARK

Tassilo Wallentin sprach mit dem international hochrenommierten Klimaforscher Prof. Mojib Latif über die massive Erderwärmung und deren erschreckende Folgen.

Tassilo Wallentin: Gibt es einen Klimawandel, und wenn ja, wie dramatisch ist er?

Prof. Latif: Natürlich gibt es den Klimawandel, und der ist im Vergleich zu den Jahrtausenden zuvor wirklich äußerst dramatisch, weil er sehr schnell verläuft. Wir sehen den Wandel an verschiedenen Parametern: an der Temperatur, die massiv angestiegen ist; an den Eismassen, die immer weiter zurückgehen – die Gebirgsgletscher ziehen sich mit geradezu atemberaubender Geschwindigkeit zurück –, und am Hochgebirge, wo es im Mai 2018 kaum noch Eistage gibt.

Wallentin: »Klimawandel« ist also gleichzusetzen mit »Erderwärmung«?

Latif: Ja, genau. Die Ursache für die Erderwärmung ist der Ausstoß von Treibhausgasen durch den Menschen, vor allem CO_2. Das entsteht dadurch, dass wir zur Energieversorgung hauptsächlich Kohle, Öl und Gas verbrennen. Der CO_2-Gehalt in der Luft steigt an und in demselben Ausmaß auch die Erdoberflächentemperatur.

161

Wallentin: Klimawandel hat es immer schon gegeben, aber das Bedrohliche ist, in welcher Geschwindigkeit sich die Erderwärmung vollzieht. Kann man das so zusammenfassen?

Latif: Ja, normalerweise entwickeln sich solche Veränderungen über zig Jahrtausende! Nun besteht die Gefahr, dass sich all das innerhalb von hundert Jahren vollzieht. Und das ist der fundamentale Unterschied zu den Klimaschwankungen in der Vergangenheit.

Wallentin: Es wird ja immer wieder behauptet, es habe im Mittelalter eine kleine Eiszeit und in den 1960er Jahren einen heißen Sommer mit Wasserknappheit gegeben. Wetterextreme seien normal, man solle sich nicht aufregen. Was antworten Sie darauf?

Latif: Die massive Erderwärmung ist nicht zu leugnen. Wir haben es aber mit einem chaotischen System zu tun. Man muss längere Zeiträume betrachten, um den menschlichen Einfluss zu erkennen. Ich vergleiche das immer mit einem gezinkten Würfel. Wenn wir einen Spielwürfel auf die »6« zinken, dann kommt die »6« häufiger. Aber die anderen Zahlen können trotzdem noch kommen. Und die »6« hat es vor dem Zinken auch schon gegeben. Und genau so ist es mit dem Klimawandel: Die hohen Temperaturen kommen jetzt immer häufiger, die hat es früher natürlich auch schon gegeben, aber eben nicht in dieser extremen Häufigkeit. Und natürlich kann zwischendurch auch wieder eine kalte Temperatur kommen. So wie die »1« oder »2« am gezinkten Würfel auch hin und wieder mal kommt.

Wallentin: Eine Frage speziell auf Österreich bezogen: Seit 1880 gab es einen weltweiten Temperaturanstieg von ca. 1 °C. Aber in Österreich ist die Temperatur um 2 °C gestiegen! In den nächsten 80 Jahren wird in unserem Land die Temperatur um weitere 3,5 °C steigen – wenn wir so weitermachen wie bisher! Anders ausgedrückt: 1917 gab es in Österreich nur einen einzigen Tag über 30 °C – 2017 waren es bereits 46 Tage über 30 °C. In Wien gab es 28 Tropennächte. Warum trifft es Österreich so hart?

Latif: Dass es Österreich so hart trifft, hat zwei Gründe: Landregionen erwärmen sich stärker als die Meeresregionen. 2/3 der Erdoberfläche ist mit Meer bzw. Wasser bedeckt, es ergibt sich dann automatisch, dass es am Land noch wärmer ist. Deshalb ist es auch in Deutschland um 1,4 °C wärmer geworden. Aber in Österreich kommt noch ein Faktor hinzu: Gebirgsregionen erwärmen sich schneller als Flachlandregionen. Das hat mit dem Schnee und Eis zu tun. Sie ziehen sich immer weiter zurück und reflektieren das Sonnenlicht nicht mehr zurück in das Weltall. Der Boden saugt die Sonnenstrahlen förmlich auf und wird wärmer. Deshalb schreitet die Erhitzung in Österreich doppelt so schnell voran wie im globalen Durchschnitt.

Wallentin: Was bedeutet es für unser Land, wenn es zu der vorausgesagten Erhitzung um weitere 3,5 °C kommt? Unsere Kinder werden das noch erleben.

Latif: Das ist ein Klima, das wir uns alle gar nicht richtig vorstellen können. Das ist eine andere Welt. Die Hitzetage werden dramatisch zunehmen. Es kommt zu Wasserknappheit. Die Situation in Großstädten wie in Wien wird dramatisch. Für Menschen, Tiere und Pflanzen wird dies eine ganz enorme Belastung – purer Stress. Der Frost zieht sich aus den Bergen zurück, die Gebirgsregionen werden instabil. Es kommt immer öfter zu Murenabgängen. Wetterextreme wie starke Niederschlagsereignisse und massive Trockenheit sind dann an der Tagesordnung. Genauso wie wir Menschen uns an so eine Situation schlecht anpassen können, kann sich auch die Natur ganz schlecht anpassen.

Wallentin: Weil alles viel zu schnell geht.

Latif: Genau.

Wallentin: Ist der Mensch mit seinem CO_2-Ausstoß für die rasante Erderwärmung hauptverantwortlich?

Latif: Ja. Das ist die Hauptursache.

Wallentin: Wenn man den CO_2-Ausstoß verringern würde, hätte man dann noch eine Chance, die Erderwärmung zu bremsen, oder ist sie bereits unumkehrbar?

Latif: Wir haben es mit einem trägen System zu tun, und insofern wird die Temperatur in den nächsten Jahrzehnten weiter steigen. Kurzfristig können wir nichts tun, aber langfristig schon. Aber dazu müssten wir wirklich die Wende hinbekommen. Der weltweite CO_2-Ausstoß ist zu hoch – und nur der zählt. Denn egal aus welchem Land CO_2 in die Atmosphäre kommt, dieses Gas ist langlebig. Es verweilt so lange in der Luft, dass es sich immer um den ganzen Erdball verteilt. Wir müssen gegen Mitte des Jahrhunderts klimaneutral sein. Danach dürften wir kein CO2 mehr ausstoßen!

Wallentin: Wie kann man den CO2-Ausstoß reduzieren, aber trotzdem auf dem Niveau eines Industrielandes bleiben?

Latif: Wir verbrennen Kohle, Öl und Gas, und das muss aufhören. Man muss unsere Energiesysteme transformieren in Richtung der erneuerbaren Energien. Wir haben ja kein Energieproblem auf der Erde. Wir haben erneuerbare Energie im Überfluss, wir sind nur nicht fähig, sie gewinnbringend einzusetzen. Wir geben Milliarden Euro aus, um Energieträger zu importieren, dabei haben wir alles vor der Haustür: Sonne, Wind, Erdwärme und Wasserkraft. Damit es Versorgungssicherheit gibt, bedarf es zweierlei: Erstens, muss man diese Energie speichern können – denn oft scheint beispielsweise die Sonne, wenn man die Energie gar nicht braucht. Zweitens: Wir brauchen neue Stromnetze, die mit diesen stark schwankenden Energiequellen umgehen können.

ERSCHIENEN AM 1.7.2018

EINE MORALISCHE INSTANZ?

Die USA sind aus dem UN-Menschenrechtsrat ausgetreten. Klingt schlimm – war aber völlig richtig. »Im Menschenrechtsrat haben jene Staaten die Mehrheit, die die Menschenrechte am meisten verletzen«, sagte der UN-Sonderberichterstatter über Folter schon 2010. Mehr noch: Der UN-Menschenrechtsrat ist zur Plattform der Anti-Israel-Lobby verkommen.

Die 47 Mitglieder des UN-Menschenrechtsrates werden alle drei Jahre von der UN-Vollversammlung neu gewählt. Moralische Standards existieren nicht. Gerade menschenrechtsverletzende Staaten lassen sich in den UN-Menschenrechtsrat als sicheren Hafen wählen und machen sich dort gegenseitig die Mauer. Und so sieht es da auch aus.

Heuer sitzt beispielsweise die Golf-Monarchie Katar im Rat. Das Land kam in die Schlagzeilen, als eine 22-jährige niederländische Touristin drei Monate im Gefängnis saß und eine Geldstrafe von 700 Euro bezahlen musste, weil sie vergewaltigt worden war. In Katar wird ein Vergewaltigungsopfer wegen »Geschlechtsverkehrs außerhalb der Ehe« bestraft.

Wer erinnert sich nicht daran, als der saudische Botschafter Faisal Bin Hassan Trad unter Applaus in den UN-Menschenrechtsrat gewählt wurde? Zur selben Zeit wurde in Saudi-Arabien ein 17-Jähriger zum Tod durch Enthauptung und Kreuzigung verurteilt, weil er es gewagt hatte, gegen das Königshaus zu demonstrieren. Der saudische Blogger Raif Badawi wurde zu zehn Jahren Haft, 1000 Peitschenhieben und einer Geldstrafe von 194.000 Euro verurteilt, weil er im Internet Muslime, Christen, Juden und Atheisten als gleichwertig bezeichnet hatte.

Auch der Kongo und Pakistan haben es wieder in den UN-Menschenrechtsrat geschafft. 2017 waren kongolesische Polizei und Armee für Hunderte »außergerichtliche« Hinrichtungen, Vergewaltigungen und Erpressungen verantwortlich. Pakistan bezeichnete »Der Spiegel« schon 2002 als »Folter-Diktatur«.

China ist auch wieder im UN-Menschenrechtsrat. Im autoritären Ein-Parteien-Staat findet gerade eine Verhaftungswelle von Andersdenkenden statt. In chinesischen Gefängnissen kommt es zu Folter und Misshandlungen. »Mit Häftlingen, die zum Tode verurteilt wurden, wird offenbar Organhandel betrieben«, so »humanrights.ch«. Auch beim Ratsmitglied Venezuela kommt es zu willkürlichen Verhaftungen. Und US-Präsident Trump hat noch vor dem Austritt aus dem UN-Menschenrechtsrat Gina Haspel zur neuen Chefin des CIA ernannt – die Dame war Leiterin eines Foltergefängnisses.

Als der Menschenrechtsaktivist David Littman ein Referat über Genitalverstümmelungen, Steinigungen und Zwangsehen in islamischen Ländern halten wollte, wurde er von ägyptischen und pakistanischen Delegierten unterbrochen und durfte seine Rede nicht fortsetzen. Dafür beschäftigte sich der UN-Menschenrechtsrat während eines Jahres 120-mal mit »Israel«. Denn arabische und islamische Länder nützen das Gremium für anti-israelische Politik.

Der jüdische Staat steht bei jeder Sitzung fix auf der Tagesordnung. Israel erhielt insgesamt 70 Verurteilungen wegen Menschenrechtsverletzungen – während alle anderen Länder der Welt zusammengenommen auf 55 Verurteilungen kamen (Nordkorea wurde erst achtmal verurteilt)! Will uns eine Mehrheit im UN-Menschenrechtsrat damit ernsthaft sagen, dass Israel mehr Menschenrechtsverletzungen begeht als alle Diktaturen und Länder dieser Welt zusammengenommen? Das ist ein Witz.

Israels Ministerpräsident Netanjahu brachte das Desaster in seiner Rede vor der UNO-Vollversammlung auf den Punkt: »Die UNO hat einst als eine moralische Instanz begonnen, sie ist aber zu einer moralischen Farce verkommen.«

ERSCHIENEN AM 8.7.2018

VIEL LÄRM UM NICHTS

»Einigung um 4.34 Uhr: EU verschärft Asylpolitik!«; »EU-Gipfel verschärft Asylpolitik«; »EU-Länder einigen sich auf Asylverschärfungen«. So lauteten die Schlagzeilen über den EU-Asyl-Gipfel. Nichts davon stimmt. Der EU-Asyl-Gipfel war ein einziges Fiasko.

Es ist immer dieselbe Masche: EU-Asyl-Gipfel finden nie unter der Woche zu einer normalen Tageszeit statt. Jedes Mal werden nächtliche Krisensitzungen bis in die frühen Morgenstunden inszeniert. Jedes Mal tritt Frau Merkel gegen 04:30 Uhr mit verquollenem Gesicht und verrutschter Frisur vor die Kameras und verkündet den wartenden Journalisten die »überraschende« Einigung. Und jedes Mal herrscht große Erleichterung, dass die EU wieder gerettet wurde – und zwar von unseren hochbezahlten Staatsangestellten, die dafür angeblich alles Menschenmögliche unternommen haben. Diese lächerlichen Inszenierungen kennt man ja von den Lohnverhandlungsabschlüssen der Kollektivvertragsparteien.

Und genau so war es auch beim letzten EU-Asyl-Gipfel. »Einigung um 4.34 Uhr: EU verschärft Asylpolitik!« oder »EU-Länder einigen sich auf Asylverschärfungen«, hieß es in Echtzeit in den Medien. Die meisten Journalisten übernahmen brav und unkritisch alle Presseaussendungen aus den Büros der EU-Spitzenpolitiker.

In Wahrheit konnte von einer »Einigung« oder gar »Verschärfung der Asylpolitik« keine Rede sein. Ganz im Gegenteil. Der Asyl-Gipfel war ein einziges Fiasko. Die EU-Staats- und Regierungschefs einigten sich auf gar nichts. Sie stellten nach zehnstündigen Verhandlungen bloß fest, dass »auch hier für Ordnung und Steuerung gesorgt werden muss«. Das sollte eigentlich eine Selbstverständlichkeit sein – in Brüssel ist das offensichtlich nicht so. Dort feiert man Derartiges als Durchbruch.

Am Höhepunkt des Asyl-Gipfels forderten die Staats- und Regierungschefs die EU-Kommission auf, »Konzepte über Flüchtlingslager in Afrika zu prüfen«.

Wo genau diese Lager entstehen sollen, weiß niemand. Gespräche mit afrikanischen Ländern hat es nie gegeben. Die EU-Kommission will mit den Afrikanern auch nicht sprechen. Sie hat ihre Verantwortung bereits auf das UNO-Flüchtlingswerk abgewälzt. Aber auch dort will man mit Flüchtlingslagern in Afrika nichts zu tun haben. Die Europadirektorin des UNO-Flüchtlingswerks hat bereits erklärt: »Die Verantwortung, Menschen Schutz und Asyl zu gewähren, darf nicht an Regionen außerhalb der EU abgewälzt werden.« Mit einem Wort: Niemand ist für »Flüchtlingslager in Afrika« zuständig.

Nun im Klartext: Europa steht vor einer neuen, gewaltigen Flüchtlingskrise. Umfragen in afrikanischen Ländern zeigen, dass bis zu zwei Drittel der Einwohner auswandern wollen. Auch in Asien und dem Nahen Osten sitzen Millionen Menschen auf gepackten Koffern mit dem Reiseziel Europa. Die führenden EU-Politiker sind seit drei Jahren nicht in der Lage, dieses Chaos zu beenden. Sie können nicht einmal taugliche Beschlüsse fassen. Sie haben versagt. Wer glaubt, dass sich diese Krise durch Nichtstun von selbst löst, irrt gewaltig. Wie sagte Albert Einstein: »Die Definition von Wahnsinn ist, immer wieder das Gleiche zu tun und andere Ergebnisse zu erwarten.«

ERSCHIENEN AM 15.7.2018

WENN AFRIKA SEINE JUGEND VERLIERT

Papst Franziskus nannte den verschärften Migrationskurs europäischer Länder »Heuchelei«. Afrikas Bischöfe sehen das ganz anders. Sie fordern ein Ende der Massenzuwanderung nach Europa. Denn so verliert Afrika seine Jugend.

Letzte Woche zelebrierte Franziskus unter großem medialem Aufsehen eine Messe für Flüchtlinge im Petersdom. Unter den 200 handverlesenen Teilnehmern waren Migranten aus Afrika und Nahost sowie NGO-Vertreter. Franziskus nannte die Versuche zur Schließung der Mittelmeer-Route »nutzlose Heuchelei« von Menschen, die »Migranten nicht helfen und sich die Hände nicht schmutzig machen wollen«.

Hier zeigt sich ein Phänomen: Während unbelehrbare europäische Kirchenvertreter immer mehr schrankenlose Massenzuwanderung nach Europa wollen und allen Kritikern quasi das Christsein absprechen, kommt von afrikanischen Kirchenvertretern die gegenteilige Botschaft: Afrikas katholische Bischöfe sind gegen das Auswandern ihrer Landsleute! Sie warnen vor einem »falschen Paradies«. Afrika verliert durch den Massenansturm auf Europa sein wichtigstes Zukunftskapital: seine Jugend. Der Kontinent könne diese Ausblutung nicht länger verkraften.

Kardinal Peter Turkson aus Ghana – immerhin Präsident des Päpstlichen Rates für Gerechtigkeit und Frieden – sagt es deutlich: »Die Politiker der offenen Türen haben einen Geist geweckt, den sie nicht mehr loswerden ... Die Einwanderung ist wie Wasser, das aus dem Wasserhahn rinnt. Man hat es nicht nur aufzuwischen, sondern den Wasserhahn abzudrehen ... Asyl kann dann gewährt werden, wenn die einheimische demographische Entwicklung gesichert ist. Wenn die Geburten zurückgehen, wird die einheimische Bevölkerung von Einwanderern in Sorge versetzt. Die Nationalismen entstehen gerade wegen der Sorge der einheimischen Bevölkerung eines Landes, durch die Einwanderung einer neuen Bevölkerung geschluckt zu werden.«

Auch Robert Sarah, Kurienkardinal und Vertreter der afrikanischen Bischöfe, spricht Klartext: »Jeder Migrant ist als Mensch zu respektieren. Die Situation wird aber komplexer, wenn Einwanderer aus einem anderen Kulturkreis kommen oder einer anderen Religion angehören und das Gemeinwohl des Gastlandes gefährden. Das Recht jeder Nation, zwischen einem politischen oder religiösen Flüchtling, der gezwungen ist, aus seinem Land zu fliehen, und einem Wirtschaftsmigranten, der seinen Aufenthaltsort wechseln will, ohne sich an die neue Kultur anzupassen, darf nicht in Frage gestellt werden ... Europa hat seine Pflicht zu erfüllen, wenn es an der Destabilisierung der Länder mitgewirkt hat, aus denen die Flüchtlinge kommen. Das bedeutet aber nicht, dass sich die europäischen Länder durch Masseneinwanderung verändern müssen.«

Afrikas Bischöfe sind viel aufgeklärter als die meisten europäischen. Sie haben eine unverstellte Sicht der Dinge. Europas politische Korrektheit ist ihnen fremd. Im Vatikan wird die afrikanische Stimme der Vernunft totgeschwiegen oder arrogant belächelt. Die beste Antwort für alle politisch-korrekten Traumtänzer innerhalb und außerhalb der Kirche wäre, wenn der nächste Papst aus Afrika käme.

Lesen Sie auch:

7. Auflage

OFFEN GESAGT

**NOCH NIE WAR
MEINUNG SO WICHTIG**

ISBN 978-3-7011-7940-4

3. Auflage

OFFEN GESAGT

**BAND 2
ZUR MEINUNGSBILDUNG**

ISBN 978-3-7011-7979-4

Erhältlich im Buchhandel und im Leykam Buchverlag,
www.leykamverlag.at

2. Auflage

OFFEN GESAGT

**BAND 3
ZUM AKTUELLEN
ZEITGESCHEHEN**

ISBN 978-3-7011-8030-1

OFFEN GESAGT

**BAND 4
DIE VERANTWORTUNG**

ISBN 978-3-7011-8066-0

Der tägliche Meinungsaustausch mit Tassilo Wallentin
findet auf seinem Blog

WWW.TAWA-NEWS.COM

statt.